KB211970

기도를
어떻게
드릴까요?

Wie wir beten können by Jörg Zink
© 2015 Kreuz Verlag part of Verlag Herder GmbH, Freiburg im Breisgau
All rights reserved
Korean translation edition © 2020 ByBooks
Published by arrangement through Orange Agency, Seoul

이 책의 한국어 판 저작권은 오렌지 에이전시를 통해 Kreuz Verlag와 독점 계약한 도서출판 바이북스에 있습니다.
저작권 법에 의해 한국 내에서 보호를 받는 저작물이므로 무단 전재와 무단 복제를 금합니다.

기도를 어떻게 드릴까요? ❷

초판 1쇄 인쇄 _ 2020년 4월 10일
초판 1쇄 발행 _ 2020년 4월 15일

지은이 _ 요르크 칭크
옮긴이 _ 정현진

펴낸곳 _ 바이북스
펴낸이 _ 윤옥초
책임편집 _ 김태윤
책임디자인 _ 이정은

ISBN _ 979-11-5877-159-1 04230
        979-11-5877-011-2 04230(세트)

등록 _ 2005. 7. 12 | 제 313-2005-000148호

서울시 영등포구 선유로49길 23, 1005호(양평동4가, 선유도역2차 아이에스비즈타워)
편집 02)333-0812 | 마케팅 02)333-9077 | 팩스 02)333-9960
이메일 postmaster@bybooks.co.kr
홈페이지 www.bybooks.co.kr

책값은 뒤표지에 있습니다.

책으로 아름다운 세상을 만듭니다. - 바이북스

* 바이북스 플러스는 기독교 신앙의 본질을 담아내려는 글을 선별하여 출판하는 브랜드입니다.

②

독일 신앙인의 뿌리가 된 기도문 교과서

기도를
어떻게
드릴까요?

요르크 칭크 지음 | **정현진** 옮김

바이북스†
ByBooks

기도,
모든 것을 얻기 위한 올바른 추구

사람들마다 믿는 방식은 다릅니다. 어떤 믿음이 올바른 것일까요? 아마 마지막 날이 되면 판가름이 나겠지요. 현대인들은 이성적인 존재입니다. 믿음이 없는 사람도 많습니다. 세상의 행복과 능력을 갖춘 것만으로도 그들은 충분하다고 여기지요. 기도가 필요할 리가 없습니다. 자신이 굳이 말을 걸어야 할 하나님도, 또 자기 말에 귀 기울여 들어줄 하나님도 그들에게는 필요치 않습니다.

나는 많은 사람들이 아주 분명한 사실로 받아들이는 것들을 믿지 않습니다. 예를 들어 세상에 널리 퍼져 있는 생각, 곧 현대 사회는 종교가 필요 없는 사회라는 통념을 거부합니다. 그리고 현대인과 미래인들은 비종교인이라고 교회 안팎에서 주장하는 그럴듯한 신학도 거부합니다.

비록 현대인들이 보여주는 모습은 실망스럽더라도 믿음을 향한 우리의 갈망은 여론조사에서 나타나는 사람들의 주저하는 듯한 대답보다는 훨씬 더 많은 비중을 차지하고 있습니다. 실천적인 경건을 향한 열정도 그렇고, 기도를 하려는 노력도 그렇습니다.

믿음을 행위로 드러내려는 노력이 예전보다는 줄어들어 위축되는 것은 사실입니다. 그렇다고 이 때문에 믿음이 줄어들었다고 말할 수는 없습니다. 물론 믿음에 관해 말하기 위해서는 더욱 세심해야 합니다. 요즘 사람들은 개인적인 일들을 하나님 앞에 내놓기보다는 스스로 해결하기 위해 필사적으로 노력합니다. 이는 분명 믿음과 경건함의 영역에서 보면 불행한 일입니다. 사람들은 개인적인 일에 다른 사람이나 위에 있는 권위가 개입하는 것에 거부감을 갖습니다. 그래서 온전한 믿음을 갖기가 어렵습니다.

과거에도 믿음에 대한 생각들은 그리 공고하지 못했습니다. 새로운 것이 있다면 예전과는 달리 사람들이 믿음의 문제도 개인이 각자 알아서 해야 하는 것으로 치부하게 되었다는 점입니다. 신실한 믿음을 가지려는 시도와 믿음의 간증을 다른 이들과 더불어 나누는 것을 싫어하게 되었습니다. 그래서 전반적으로 종교의 영역은 날로 삭막해지고 있습니다.

그렇다고 오늘날 기독교가 종교적 관심이 점점 더 줄어드는 추세에 발맞추어야 한다고 생각할 필요는 없습니다. 믿음의 문제가 화두로 떠오를 때 우리는 믿음을 추구하는 것 외에는 다른 것을 말할 수 없습니다. 우리 스스로가 여기서 무엇인가를 얻어내려면 (전능하신 하나님을) 전적으로 신뢰해야 합니다.

만일 우리가 믿음과 기도에서 실패하지 않으려면 다음 두 가지에 대해 분명히 말해야 할 것입니다. 걱정하며 뒷걸음치는 것으로는 구원받을 수가 없고, 교회의 활동이 줄어들수록 동시대인들의 공감을 얻어낼 수 없다는 것을 말입니다.

물론 우리는 신앙에 관하여 이 시대의 언어로 말하게 될 것입니다. 왜 나하면 틀에 박힌 전통적인 용어를 되뇌는 것만으로는 교회를 구해내지 못할 것이기 때문입니다. 그것들은 성령님과 그 능력을 증언하고자 할 때 대물려 내려온 신앙고백이나 교회의 기도문만 그대로 따르고 있습니다.

무엇보다 중요한 것은 경건성입니다. 이 말은 감상적으로 변질된 모든 것들을 다 벗겨낸 뒤에 사용되어야 합니다. 경건성이란 믿음으로 살아가는 하루하루 일상생활 속에서 형성됩니다. 그리고 거기서 이루어지는 자유를 받아들이는 것입니다. 그것은 우리에게 다가오는 모든 것들에 관계되어 있습니다. 경건성은 세상적인 것과 정신적인 것을 구별하지 않습니다. 그것은 사방에서 우리에게 다가오는 우리의 고유한 지식과 관련되어 있습니다.

그것은 우리 문 앞에서 벌어지고 있는 일은 물론이거니와 세상 마지막 날에 일어날 일들까지도 포함되어 있습니다. 기독교 신앙은 이 왕국과 절대로 나눌 수 없다는 것을 폭넓게 포괄하고 재점검하는 것이 되어야 합니다. 그리고 우리 입으로 드리는 기도가 이런 신앙을 제대로 표현해내는지를 확인해야 할 것입니다.

기도를 해야 하는데 막상 어떻게 해야 할지 모르겠다는 것은 결코 새삼스러운 일이 아닙니다. 일찍이 사도 바울은 이렇게 썼습니다.

"이와 같이 성령도 우리의 연약함을 도우시나니 우리는 마땅히 기도할

기도를 어떻게 드릴까요?

바를 알지 못하나 오직 성령이 말할 수 없는 탄식으로 우리를 위하여 친히 간구하시느니라. 마음을 살피시는 이가 성령의 생각을 아시나니 이는 성령이 하나님의 뜻대로 성도를 위하여 간구하심이니라."(롬 8:26~27)

난생 처음 기도를 어떻게 드려야 하는가를 배울 때에 몇 가지 연습이 필요합니다. 이것이 우리 현대인에게는 새삼스럽게 느껴질지도 모릅니다. 왜냐하면 이것이 우리 속에 잠재된 신앙의 문제라기보다는 기도를 드리는 것 자체가 어렵기 때문입니다. 다른 일들을 전혀 생각하지 않으면서 아주 단순하게 한 가지 일에만 3분 동안 매달려 보십시오. 아마 매우 힘들다는 걸 깨달을 것입니다. 상념想念의 세계를 지배하기, 말씀 한 마디를 마음에 새기기, 그리고 따라서 말하기. 게다가 다른 사람을 위해 기도하기 위해서는 그가 겪는 운명에 동참하거나 그 주변에서 일어나는 일들에 대한 선입견 없이 있는 그대로를 받아들여야만 합니다.

또한 우리가 드리는 기도는 대부분 말로 이루어져 있습니다. 그렇다고 듣는 것만 해당되는 것은 아닙니다. 오히려 듣는 것 이상의 것입니다. 기도란 하나님 앞에 단순하게 서는 것을 의미하거나 자기 일을 세세한 부분까지 전부 하나님 앞에 내어놓는 것을 뜻합니다. 이는 단순히 입으로 드리는 기도가 아니라 사람이 자기 온몸을 바쳐 기도드리는 것을 가리킵니다. 때로는 행동으로도 기도를 드릴 수 있습니다. 십자가 길에 서셨던 예수님처럼 우리도 그리스도인이 되는 가장 첫걸음이자 중요한 기도를 다시 시도해 볼 수 있습니다.

이 책에서 나는 독자들과 이 길을 함께 가기를 원합니다. 각각의 주제에는 이중적 의미가 들어 있고, 각 단원에는 앞 단원의 상념이 더욱 깊게 전개되어 있습니다. 만일 어떤 특정한 단어나 구절들이 독자들의 마음에 든다면 거기에 표시를 해놓을 수도 있을 것입니다. 나와 함께 끝까지 함께 가는 분들은 무엇인가를 얻게 될 것입니다. 남들보다 한 발자국 먼저 떼어놓는다 해서 그것이 지나친 일은 아닐 것입니다. 이런 사람은 기도를 드리는 것이 모든 것을 얻기 위한 추구라는 사실을 잘 알 테니까 말이지요.

영원하시고 거룩하시며
오묘하고 측량할 길 없는 하나님,
나는 주님 앞으로 나아옵니다.
나는 주님께 귀를 기울이고,
주님께 응답하고 싶습니다.
주님을 신뢰하며
주님을 사랑하고 싶습니다.
나는 주님과 피조물들을 사랑하렵니다.

주님 손에 내 모든 염려
모든 의심과 걱정거리를 내놓습니다.
나는 믿음도 없으며

마음의 평온함도 없습니다.
하지만 나를 받아 주소서.

주님,
내 곁에 날마다 계시소서.
그래서 나도 주님 곁에 있게 하소서.
나를 인도하소서.
그래서 주님을 찾고
주님의 긍휼을 찾게 하소서.
나는 주님께 속하렵니다.
주님께 감사드리렵니다.
주님을 찬미하렵니다.

주님, 나의 하나님!

차 례

나는 주님을 향하여 나아가며 앞을 내다봅니다,
하나님!
이 세상 너머와
주님이 장차 이루실 것들을 생각합니다.
주님께서 내게 복으로 주실 상급도 가늠해봅니다.
이 말씀을 들으며:

"듣도 보도 못한 것들을
이루어 주실
주님의 사랑을 신뢰하는 자들에게
하나님은 그 뜻을 이루어주실 것입니다."

chapter

1

주님을 따라
살기 위한
기도

낯선 듯
친근한 길을 걷다

깊은 산속 외따로 떨어진 곳에 기도처가 댕그라니 있습니다. 걸어서만 그곳에 갈 수 있습니다. 그리로 걸어가는 길은 비좁고 울퉁불퉁합니다. 그 지점에서 우리는 자동차 길을 벗어납니다. :

길가에는 그림들이 있습니다. 그리 유명하지 않은 화가들이 바로코식으로 화려하게 그린 '십자가의 길 14 장면' 그림입니다. 그것으로 우리는 겟세마네 동산의 기도로부터 시작하여 무덤에 묻히는 예수님과 그의 고난을 하나하나 음미할 수 있습니다.

한 지점에서 다음 지점까지의 거리가 제법 멉니다. 그렇게 걷는 동안 그림의 내용 하나하나를 묵상하기에 시간이 충분합니다. 우리는 그 다음 그림이 눈에 들어오기까지 먼저 본 그림 안에 담긴 이야기를 마음에 담습니다. 그것을 오늘의 우리 자신에게로 현재화시키거나 기도로 재현하거나 우리 영혼에 이입시킵니다. 마침내 제단 위 십자가에 이를 때까지 우리는 계속 그렇게 합니다.

개혁교회 신앙에 따라 우리는 고난당하고 죽으신 예수님을 아주 가까이 만나고자 합니다. 나도 그런 신앙전통에서 자란 사람입니다. 그렇기에 나는 '십자가의 길 14장면'을 무시하려는 생각에 동의할 수 없습니다.

그분께서 십자가에서 하신 일곱 마디 말씀은 단순한 이론이 아닙니다. 예수님을 따르고자 하는 우리는 반드시 십자가의 길을 따라 갈 것입니다. 그때 우리는 그 그림들의 내용을 우리 안으로 끌어들입니다. 이로써 고난을 당하셨던 그리스도의 발자취가 우리 자신의 것으로 될 것입니다.

그렇게 되려면 아직 멀었나요? 너무나 독특한가요? 만일 이것이 낯설다면 오늘 우리에게 믿음이란 무엇인가를 살펴볼 필요가 있습니다. 믿음이란 어떤 것에 대한 의견이 아닙니다. 그보다는 오히려 전인全人을 집중시키는 것이요, 전심전력으로 그리고 우리 인생의 본질을 바라보는 전적인 시각으로 하나님 앞에 나아가는 것입니다. 이것들 가운데 그 어느 것도 옆으로 제쳐놓지 말아야 합니다. 그것이 사고방식이든 꿈이든 무엇이든 희망이든 지식이든 불안감이든 다 그 안에 녹아들어야 합니다.

사도 바울은 누구든지 그리스도 예수 안에 있으면 새로운 피조물이라고 했습니다. 그는 학력 높은 사람이 되어야만 한다고 하지 않았습니다. 도덕적으로 강력한 의지를 양성해야만 하거나 그리스도와 똑같이 장성한 믿음의 경지에 이르러야만 한다고 하지도 않았습니다. 그는 우리 안에 있는 그 어떤 것을 변화시키기보다는 우리 안에 있는 모든 것 곧 우리 자신을 변화시키라고 했습니다.

우리 앞에 가로놓인 십자가의 길은 묵상해야 할 것일 뿐만 아니라, 그 길을 따르라는 요구입니다. 그것은 우리 안의 모든 것을 그리스도에게 합당하게 변화시키라고 합니다. 사람들은 이렇게 물을 것입니다. 무엇 때문에 우리는 십자가에 죽임당한 분의 모습에 그토록 깊이 몰입해야 합니까?

이에 관해 우리는 다음 두 가지로 대답할 수 있습니다. 비록 확정적인 결과에 미치지 못하더라도 우리는 그 대답을 늘 되풀이 찾아나가야 합니다.

첫째로 죽임당한 자의 모습에 비추어 자신의 현실을 제대로 보려는 정열적인 의욕입니다. 이것이 십자가의 길을 걷는 일의 밑바탕에 깔려 있습니다. 사람들은 인간 존재에 관해 어렴풋한 환상을 가지고 있습니다. 만일 그런 환상에 대해 실제적이면서도 성경적으로 접근하지 못한다면 우리는 믿음의 진가를 발휘하지 못합니다.

주님과 만나는 시간은 날마다 날마다 다가옵니다. 자신이 가야 하는 인생길을 자기 혼자 가지 않으려는 사람은 자기 인생을 걸고 그 시간을 걸어 갈 것입니다. 기독교 신앙은 십자가의 길을 향한 기초적인 의지를 각자 자기 스스로 펴나갈 수 있게 각 사람 앞에 놓아두었습니다. 예수님의 수난사는 우리 안에 쌓여 있는 거역하는 본성 다스리는 법을 배우는 수준 높은 학교입니다.

마티아스 클라우디우스(M. Claudius 1740-1815)는 죽음과 해골에 각별한 관심을 가졌습니다. 그 이미지를 그리며 그는 자신의 인생을 마칠 때 기꺼이 죽음을 받아들였습니다. 그는 죽음의 길에서도 주님과 동행할 것을 확신하며 조금도 두려워하지 않았습니다.

둘째로 고독을 경험하는 것입니다. 이것 또한 우리 모두에게 고난의 경험에 속합니다. 고독감에 압도당할 때 우리 중에 아무도 자기 자신과 만나지 못합니다. 자기 운명을 가늠할 수도 없습니다.

이럴 때에도 우리에게는 고난당하는 그리스도를 깊이 묵상할 필요가 있습니다. 밑바닥을 알 수 없는 그 고독의 끝자락에서 우리는 우리 운명의 수여자를 만나 뵙고자 합니다. 자신의 고난을 괴로워하던 폰 휴텐 Ulrich von Hutten은 콘라드 페르디난드 마이어에 관한 시에서 말했습니다.

:: ::

멀리 떨어진 세상에서.
내 시야의 왕국에서
칠하지 않은 벽에 홀로 붙어 있는 십자가.

치유의 날에 광장과 홀에서 그는 사랑하였다
나는 고통과 아픔의 이미지가 전혀 아니다;

그렇지만 아픔과 고통은 또한
이 세상의 한 부분,
이를 그리스도는 아시고
십자가에서 구원을 창조하셨다.

내가 그것을 오래 주시하면 할수록 그 짐은
내게서 거의 절반이 떨어져 나간다.

왜냐하면 나 혼자서가 아니라

둘이 함께 고난당하기 때문이다;

가시관을 쓴 내 형제는 내 곁에 서 있다.

이천 년 세월을
단숨에 건너뛰다

나는 이천 년이 넘도록 인간다움을 향해, 인간의 내면에 파고들던 그분을 묵상합니다. 인간은 자기 자신이 누구인지를 깨달으면서 자기 자신에게서 자유로워집니다. 그런 사람은 자기 자신을 아주 분명하게 발견합니다. 이로써 세상의 폭과 깊이도 발견합니다.

그리스도를 묵상하면서 그리스도인은 독특한 인간성의 자리로 들어섭니다. 그분을 묵상하는 자는 자기 자신에 관해 말하지 않습니다. 자기 자신의 목소리에 귀를 기울이지 않습니다. 그는 그리스도를 바라보며 그분 말씀에 주목합니다. 그는 자신의 머리와 가슴 영혼과 육체 눈과 귀 그 각각을 그분 말씀 앞에 그리고 나사렛 예수님 모습 앞에 드러냅니다. 그는 자신에게 있는 것을 다 모아 그리스도가 계시는 자리에 내려놓습니다.

이것은 결코 비술秘術이 아닙니다. 그분을 묵상하는 자는 인간 세상에서 동떨어지지 않습니다. 왜냐하면 사랑은 지혜보다 위에 있으며, 인간의 연대의식은 차별보다 위에 있고, 자비는 자기 자신의 영적 충만함보다 위에 있기 때문입니다.

그리스도는 이주민이 아닙니다. 그분은 자신과 함께 살려는 사람 중

어느 누구도 그렇게 되기를 원하지 않으십니다. 그분과 함께 사는 사람은 그 누구나 자기 인생 여정에서 그리스도께서 말씀하시는 의미를 발견합니다.

성경에 또 하나의 장면이 있습니다. 갈릴리 호수가의 어떤 마을입니다. 예수님은 길을 가고 계셨습니다. 어떤 여성이 그분을 쫓아오며 불렀습니다. 어떤 젊은이가 그분에게 말을 걸었습니다. 어떤 맹인이 길가에 앉아 있었습니다. 어떤 백부장의 하인은 가시는 길을 막고 부탁을 했습니다. 어떤 율법학자는 함정을 파놓고 그분에게 질문을 던졌습니다.

예수님은 그 상황에 대해서 혹은 물음에 대답을 하셨습니다. 그분은 반응을 보이셨습니다. 그분은 말씀하셨습니다. 치유하셨습니다. 토론하셨습니다. 그분은 이야기를 하셨습니다. 장님이 눈을 떴습니다. 백성은 신기하게 여겼습니다. 그런 다음에야 그 장면이 마무리되었습니다. 그러고 나서야 예수님은 가실 길을 계속 가셨습니다.

복음서에는 예수님이 누구신가를 밝혀주는 이야기들이 짧게 짧게 기록되었습니다. 그 곳곳마다에서 그분이 누구신지가 드러났습니다. 물론 그 상황은 과거의 것입니다. 그것은 결코 우리가 처한 상황이 아니었습니다. 우리는 예수님이 행하셨던 그대로 따라할 수가 없을 것입니다. 그런데도 우리는 그 거울에 비추어 그분이 누구신지를 오늘 우리 현실에서 되살려 내곤 합니다.

그 만남을 연습하는 첫걸음은 예수님의 수난사에 곧 십자가의 길에 깃들어 있습니다. 그 이미지와 항상 새롭게 만나는 바로 거기에 그리스도인이 오늘도 묵상하며 기도드리는 이유가 있습니다.

:: ::

예수님, 살아계신 그리스도여,

우리는 아주 먼 곳으로부터 주님을 바라봅니다,

헤아리기 어려운 시간의 간격을 뛰어넘어.

우리는 주님께 귀 기울입니다.

우리는 주님 뜻을 깨닫고 싶습니다.

알고 싶습니다, 주님이 누구신지를.

우리를 주님과 함께 가게 하소서.

주님은 보통 사람과 같으면서도

동시에 전혀 다르셨습니다.

더 강하고 더 약하셨습니다.

아주 권위 있으면서도 동시에 비천하셨습니다.

주님은 하나님의 영광을 드높이셨습니다.

그리고 사람들 가운데 멸시당하는 사람들과 동행하셨습니다.

주님은 하나님의 능력을 끌어오셨습니다.

그리고 주님은 연약한 사람들과 함께 연약해지셨습니다.

주님은 자유로우셨습니다.

그리고 묶인 자들을 위해 스스로 묶이셨습니다.

주님은 하나님의 입장에 서셨습니다.

그러면서도 죄인을 대변하셨습니다.

주님은 거짓과 진리를 분별하셨습니다.

법률로 제정된 권리에서
낙오된 자들을 보호하셨습니다.
주님은 폭력을 필요로 하지 않으셨으며
희생당하는 자들을 외면하지 않으셨습니다.

우리를 주님께로 가게 하소서,
주님과 동행하게 하소서.
주님의 선함으로부터 나오는 빛을 주소서.
우리를 주님과 같이 되게 하셔서
진정한 인간이 되게 하소서.

생명의 주인이시여,
주님 안에서 우리는
사람됨이 무엇을 가리키는지 봅니다.
주님의 얼굴을 통하여
우리는 하나님의 얼굴을 뵈옵니다.
주님이 계신 곳에서 세상은 변화됩니다.
우리에게 걸어오소서.
우리를 사람으로 만들어 주소서.
그리스도여,
우리는 믿습니다.
우리의 불신앙을 도와주소서.

기도를 어떻게 드릴까요?

작은 일에
거대한 뜻이 들어 있다

어느 날 저녁이었습니다. 거리에 방황하던 12명의 사내들이 큰 홀에 들어섰습니다. 그들은 자리에 앉아 저녁밥을 기다리고 있었습니다. 이럴 때 하인이라도 있어서 물을 가져다가 그들의 발을 씻겨 주었으면 좋으련만, 그럴 만한 사람이 없었습니다.

바로 그때 그들의 스승이 앞치마를 두르고 나섰습니다. 그분은 제자들의 발을 씻어 주기 시작하셨습니다. 먼지 낀 어떤 사람의 발에 이어 그 다음 사람의 발, 차례로 그들을 씻어 주셨습니다. 마치 물을 끼얹은 듯 침묵이 그 방에 흘렀습니다. 그들 가운데 한 사람이 이의를 제기하고, 스승과 그 제자 사이에 대화가 오고 간 뒤에 다시 조용해졌습니다. 스승은 그 일을 기꺼이 하셨으며 그것으로 매우 뜻 깊은 교훈을 남기셨습니다.

만일 우리가 이것을 놓고 겸손에 관해서 또는 실용성에 관해 말하려 한다면 그분의 행위에 들어있는 뜻을 제대로 알 수 없을 것입니다. 그리스도께서는 그보다는 자신이 가는 길 전체를 이 하나의, 눈에 보이는 징표로 나타내셨습니다. 권위를 지닌 강한 분이 자신에게 딸려 있고 또 위협당하는 자들 앞에서, 위대한 분이 작은 자들 앞에서 몸을 굽히셨습니다. 홀로 영광을 받으실 그분이 낮은 자리로 내려가셨습니다.

그곳에서 사람들은 그분에게 영광을 돌려야 할지 말지 다투었습니다. 각자 자기가 더 높은 자리에 오르려 투쟁을 했습니다. 그분은 자신에게 당연히 주어진 지위에서 스스로 내려오셨습니다. 그리고 명예욕에 사로잡힌 사람을 막아내셨습니다. 자신의 명예를 추구하는 그 자리에서 사람이 스스로 떨어지게 하셨습니다. 그분의 공생애 사역 전체가 이랬습니다.

하나님께서 이렇게까지 낮아지신 일 자체가 인간이 가야 할 좋은 길을 보여줍니다. 예수님은 우리 눈에 어리석게 보일 정도로 자신의 지위와 자기 권위를 다 내려놓으셨습니다. 그것으로 평화를 만드셨습니다.

어떤 한 사람이 권력을 손에 쥐고 투쟁을 억압하는 곳에서는 사람들 사이에 평화가 있을 수 없습니다. 그보다는 오히려 누군가가 자신의 위엄과 명예를 포기하는 곳에서 평화가 시작됩니다. 그런 것이 제대로 이루어지면 이루어질수록 그 사람이 가는 곳에서는 평화가 점점 더 크게 세워집니다.

:: ::

그리스도여
나는 주님의 뒤로 첫걸음을 떼어놓습니다.
그리고 주님이 하시는 것을 바라봅니다.
주님은 권력을 갖고자 하지 않으셨습니다.
부유해지고자 하지 않으셨습니다.

박수갈채를 원하지 않으셨습니다.

주님은 보통 사람이 되셨습니다.

가장 낮은 자들 중에 하나가 되셨습니다.

오해를 당하셨고 멸시를 당하셨습니다.

그런 주님을 향해 어떤 사람들은 고개를 가로 저었습니다.

그들은 주님을 비난하였습니다.

그들은 주님을 위험하게 보았습니다.

그들은 주님을 재판장에게 끌고 갔습니다.

그들은 주님을 때렸으며 주님께 침을 뱉었습니다.

그리고 주님을 죽였습니다.

나의 명예는

다툼의 시작입니다,

나와 다른 사람들 사이의.

나의 긍지는 미움의 시작입니다.

그러나 지금 주님은 내 앞에 무릎을 꿇으시고

내 발을 깨끗이 씻어주십니다.

그리고 나를 자유하게 하십니다.

그래서 하나님은 주님을 높이셨습니다.

그리고 주님을

만민의 척도가 되게 하셨습니다.

나는 이제 겨우 첫걸음을 떼어놓았을 뿐입니다.

그리고 그 다음 걸음을 내디디려 합니다.

아직도 나의 품위를 저울질합니다.

천하게 보일까봐 걱정합니다,

이런 나의 발걸음을.

주님,

받아 주소서.

주님 안에서 나를 자유롭게 하소서.

그리스도여,

주님께서 내게 스스로 굽히셨나이다.

나도 이제 스스로 굽히렵니다,

주님 길의 비밀 앞에.

머뭇거리지 않고
거대한 장애물로 돌진하다

어느 날 밤 예루살렘의 어느 동산. 그 주변으로 사람들이 몰려들었습니다. 겉옷으로 몸을 감은 채 잠자는 사람도 있었습니다. 그 가운데에는 예수님과 함께 잔치하는 방에 있다가 나온 사람들이 있었습니다. 소리를 높여 노래 불렀던 그들 중에도 다가올 재앙을 두려워하는 자들이 있었습니다. 그들은 다른 사람들처럼 나무들 사이에 숨을 자리를 찾기도 하였습니다.

그들로부터 좀 떨어진 곳으로 가신 예수님은 홀로 계셨습니다. 그리고 기도 드리셨습니다. "내 아버지여 만일 할 만하시거든 이 잔을 내게서 지나가게 하옵소서. 그러나 나의 원대로 마시옵고 아버지의 원대로 하옵소서…… 내 아버지여 만일 내가 마시지 않고는 이 잔이 내게서 지나갈 수 없거든 아버지의 원대로 되기를 원하나이다."(마 26:39) 그때 예수의 땀이 땅에 떨어지는 핏방울 같이 되었습니다.

우리는 오래된 교회 안의 긴 통로를 따라 걸었습니다. 거기 들어서니 입구의 기둥으로부터 시작하여 저 멀리 안쪽 기둥까지 곳곳에 십자가가 새겨져 있습니다.

예수님께서 십자가의 길을 가신 이래 우리는 겟세마네 동산에서부터 골고다 언덕까지 이르는 그 길을 묵상합니다. 그 깊은 고독 한 가운데서도 우리는 광야같이 거칠거나, 칠흑같이 깜깜한 밤에 머물지 않습니다. 그보다는 오히려 왠지 모를 거룩함을 어렴풋이 느낍니다. 하나님을 불러도 아무 대답도 없던 황량한 광야가 고난당하는 교회로 받아들여집니다.

우리는 출구 없이 꽉 막힌 곳으로 걸어 나가지 않습니다. 그보다는 십자가 앞으로 한 걸음씩 나아갑니다. 그리고 마침내 그리스도께서 우리를 위하여 도달하셨던 바로 그 승리의 자리로 나아갑니다.

십자가의 길에서 그분은 '아버지의 원대로 되기를 원하나이다'라며 끝까지 투쟁하셨습니다. 이 기도 속에서 그분은 절망하며 방향 없이 비틀거리는 인간이 가야 할 길을 찾게 해 주셨습니다.

우리는 종종 하나님께서 우리를 자신의 손에 걸려들게 하셨다는 수수께끼 같은 물음에 빠집니다. 그런 우리에게 하나님은 십자가의 길에서 우리가 평소 기대하는 아버지의 모습으로 나타나십니다. 우리를 찾아오신 가난한 형제인 예수님과 함께 인생길을 가고자 시도하는 동안 우리는 아버지의 진정한 모습을 만납니다.

만일 고난을 겪는 교회가 우리의 현장이라면 우리는 억지로 출구를 찾으려 할 필요가 없습니다. 우리 앞을 가로막는 커다란 장벽 앞에서도 머뭇거리지 않습니다. 그 대신 어딘가에 출구가 반드시 있다고 믿습니다. 그리고 언젠가는 그 문이 열리리라고 믿습니다.

의식이 이렇게 변화되는 것이 신기합니다. 아버지의 뜻을 우리에게 심어주시는 그분과 함께 아버지를 만나러 가는 바로 그것이 참으로 소중합니다.

:: ::

나는 예수님이 말씀하시는 것을 듣습니다.

"나는 그의 명령이 영생인 줄 아노라."(요 12:50)

:: ::

주님을 알고 싶습니다.
특별하고도 열매 풍성하신 하나님이여,
주님은 불안과 두려움의 옷을 입고 사는
우리 인생 전체를 관통하십니다.
그리고 우리가 경악하는 그 자리에 함께 계십니다.

주님을 알고 싶습니다.
불안에 휩싸인 우리를 만져주십니다.
그리고 주님 스스로 그곳에 굳건히 서십니다.
고난당하신 형제이신 주님께 나는 감사드립니다,
주님이 나를 위해 기도드리심에,
그리고 내가 감히 입술에 올리지 못한 것까지도
나를 위해 대신 말씀해 주심에.
주님의 뜻이 이루어지이다.

나는 주님께 감사드립니다,

내가 두려워하는 어두운 의지가

주님 안에서 저절로 변화되어

주님 뜻에 이끌리는 것에.

나는 주님께 감사드립니다,

내가 도저히 이룰 수 없는 것도

주님께서 하시는 것에.

나에게 주님 손을 대어 주심에.

주님은 주님 자신으로부터 오는 것들로

나에게 강요하지 않으십니다,

그것도 주님 자신처럼 강하실 텐데도.

주님은 주님의 힘을 연약한 자에게 부어주십니다.

주님께서 스스로 그들을 지켜주십니다,

주님의 순종하심을 통하여.

불안한 가운데 주님을 바라보는 자를

주님의 자유로운 의지에 따라 지켜주십니다.

주님,

제 안에 말씀해 주십시오.

'주님 뜻이 이루어지이다.

한 밤 중에도 나는 주님 얼굴을 뵈옵나이다.'

그리고 주님께 감사드리나이다,
주님께서 나를 인도해 주심에.

주님을 따라 살기 위한 기도

죽음으로써
죽음을 이기다

잠시 후. 무장한 한 떼의 무리가 동산에 뛰어들었습니다. 어떤 젊은이가 그들을 데리고 왔습니다. 그는 자기 동료들과 스승이 자는 곳을 알고 있었습니다. 그는 '이 자가 바로 그 사람이다'는 표시로 그분에게 다가섰습니다. 어둠 속에서 그분에게 입을 맞추었습니다. 그들은 그 한 사람을 재빨리 둘러쌌습니다. 그 때 어떤 사람이 그분을 지키려고 나섰습니다.

예수님은 그를 제지하셨습니다. "네 칼을 도로 칼집에 꽂으라 칼을 가지는 자는 다 칼로 망하느니라. 너는 내가 내 아버지께 구하여 지금 열두 군단 더 되는 천사를 보내시게 할 수 없는 줄로 아느냐?"(마 26:52)

강제로 끌어가려고 손을 묶기 전에 그분은 자진해서 굴복하셨습니다. 그분은 자기를 방어하지 않으셨습니다. 자신을 공격하는 자들을 피해 비굴하게 물러서지도 않으셨습니다.

진정 그분은 자유인이셨습니다. 그분은 폭력을 행사하는 자들에게도 자신의 자유를 의연하게 보여주셨습니다. 자유로운 그 모습을 세상에 나가 전할 사람들에게도 온전하게 드러내셨습니다.

질병은 그것을 주인 삼는 사람에게가 아니라 고상하고 거룩한 뜻을 가진 사람에게만 복종합니다. 죽음에 대해서만이 아니라 살아계신 하나님을 향해서도 '예'라고 하는 사람만이 죽으면서도 죽음을 극복할 수 있습니다.

사람은 위로하는 언어를 통해서만 미래를 향해 나가는 것이 아닙니다. 사람은 피할 수 없는 자신의 죽음을 통해서 자신의 미래가 열리리라는 것을 믿을 때 비로소 자유로워집니다. 우리는 우리 자신의 죽음도 하나님의 얼굴과 선하심에 내어맡기며 살아갑니다.

:: ::

말씀은 궁극적으로 칼보다도 강하다. 굳건하고 지혜롭게 말씀에 이끌리는 사람은 안다, 말씀이 모든 왕들 가운데 가장 강력한 왕보다도 더 강하다는 사실을. 칼을 잡았던 손이 말라버린다면 그 칼은 손과 함께 땅에 묻히고 말 것이다. 그 손이 먼지 속으로 떨어지듯이 칼 또한 녹슬어 버리리라.

비록 죽음이 말씀을 따라가는 그 사람 입을 닫히게 할지라도 그 말씀은 그를 자유롭게 하며 살아있게 해 줄 것이다. 죽음에게는 그것을 이길 힘이 없다. 무덤도 그것을 그치게 할 수는 없다. 그리고 사람이 줄과 사슬로 하나님의 종을 묶고 때리려하더라도 그의 입술에 오르내리는 하나님의 말씀은 그에게 자유롭게 역사할 것이다. - 예레미야스 고트헬프[1]

---

1) in: Jeremias Gotthelf, Uli der Pächter, Zürich, Diogenes Verlag, 1978.

:: ::

예수 그리스도여
나는 자유를 찾고 있습니다.
이 사실을 주님께 고합니다.
이는 내가 포로인 까닭입니다.
나는 내 소유인 수백 개 사슬에 묶여 있습니다.
그러므로 나에게는 아주 적은 자유밖에 없습니다.

나는 살고 싶습니다.
나는 내 자신의 고유한 의지의 포로입니다.
그래서 나는 나 자신을 방어합니다.
그리고 충격으로부터 벗어나려 합니다.

주님은 주님의 뜻을 내려놓으셨습니다.
나를 도우소서,
주님께서 연결되시기를 원하는 사람에게
나도 주님과 함께 손을 내밀도록.
나는 알고 있습니다,
정체성 없는 운명이란 없으며
세속의 힘에 그들이 묶여 있을 수 없음을.
그들과 연결되는 분은 오직 주님뿐인 것을.

나는 주님을 신뢰합니다,
주님께서 나를 주님과 연결시켜 주셨기 때문이 아니라
주님이 나를 붙드셔서
나를 자유하게 해 주셨기 때문에.

"두려워하지 말아라"하시는 주님 음성을
나는 듣습니다.
주님은 내 걱정 근심을 아십니다.
주님께서 이렇게 말씀하실 때
나는 주님을 신뢰합니다.

"나를 따르라" 하시는 주님 음성을
나는 듣습니다.
주님은 내가 가는 길을 아십니다.
주님께서 나를 부르실 때
나는 주님을 신뢰합니다.

자기 권리를 내려놓을 때
비로소 진리가 보인다

돌로 지은 궁전, 사람들이 줄지어 굽어진 길을 걸어갔습니다. 그것은 위엄과 법률의 상징입니다. 사람들은 통치자 맞은편에 선 어떤 한 사람을 상대로 자기들의 위엄을 보이려고 했습니다.

총독이 물었습니다: "네가 진정 유대인의 왕이냐?" 체포된 이가 대답했습니다. "나는 왕이다. 나는 세상에 진리를 세우려고 이 세상에 태어났으며 이곳에 왔노라. 진리를 위해 하나님께 귀를 여는 자는 나의 음성을 들으리라." 그가 또 물었습니다: "진리? 진리가 무엇이냐?"

그는 군중들을 향해 "나는 이 사람에게서 아무런 죄도 찾지 못하였다."라고 말했습니다. 총독은 진리 편에만 권리가 있다고 생각했습니다. 그리고 지금은 비진리가 오히려 그 권리를 주장하는 것도 알고 있었습니다. 진리를 밝힐 수 있는데도 여기 있는 그 사람은 자기 권리를 행사하지 않았습니다. 자신을 스스로 방어하지도 않았습니다. 자신이 당연히 행사할 수 있는 권리를 포기했습니다. 마치 그는 이 세상이 아닌 다른 세상에 사는 사람 같았습니다.

우리의 권리가 우리 자신에게 별로 중요하지 않게 되었을 때에야 비로소 우리는 그것의 참 면모를 경험할 수 있습니다. 그리스도는 자신의 죽음 앞에서 그리고 자신이 받을 판결의 시간에 "나는 진리이다"라고 말씀하셨습니다. 진리를 단순히 그냥 알 뿐만 아니라 자기 자신이 진리의 터전 위에 서려 한다면 누구나 이런 현실에 부딪힐 것입니다.

:: ::

그분은 죄를 범하지 않았습니다. 아무도 그에게서 사기나 속임을 당하지 않았습니다. 사람들이 그에게 욕보일 때에도 그것을 되갚지 않았습니다. 그분은 고난을 당하면서도 위협하지 않으셨습니다. 그분은 마지막에 의롭게 판단하실 분에게 자신의 모든 것을 맡기셨습니다.

십자가에 자신의 몸이 못 박히게 하심으로써 그분은 우리가 지은 모든 죄를 함께 담당하셨습니다. 그분은 '이 모든 불의한 것은 나와 전혀 관계없다. 나에게는 죄가 없다'고 말씀하는 대신에 그 모든 고난을 처음부터 끝까지 겪어내셨습니다.

그분은 우리에게도 더 이상 불의한 일을 당할 때 자기 자신을 위해 스스로를 방어하는 죄에 머물지 않게 하셨습니다. 그 대신에 그분처럼 취급당함으로써 우리는 의로워집니다. 그리스도는 우리를 위하여 부당하게 상처를 입으셨습니다. 이제 우리가 구원을 받았으니 구원의 자리에 머물러야 합니다. (벧전 2:22-24에 의지하여 풀어 씀)

:: ::

그리스도여

내 인생의 절반을

나 자신과 이웃에게 내가 옳으며

그리고 내 쪽에 진리가 있다는 것을

증명하는데 소모하고 있습니다.

이 때문에 나는

주님께서 나를 위해 섭리하신 길을 갈 능력을 빼앗겼습니다.

나는 내 권리를 주장하려 합니다.

이로써 나는 진리에서 멀어질 것입니다.

나는 내 권리를 지키려고 싸웁니다.

나의 무기는 비진리이거나

내 자신이 진리라고 믿고 있는 그것뿐입니다.

그러나 나는 내 권리를 찾느라고

진리를 향한 시선을 잃어버리고 말았습니다.

주님 말씀이 진리입니다.

주님 말씀은 나를 도우십니다,

예라고 대답해야 할 것에서 뒤로 발을 빼지 않도록

조용히 머물러야 할 곳에서 분주하지 않도록

목적에서 벗어나지 않도록

그리고 주님 안에서 진리를 바라보도록.

나는 힘들어 병이 날 지경입니다,
날마다 내 권리를 주장하느라.
주님 나를 치유하소서,
그리스도시여!

주님께서 내 인생에
그리고 내가 고난당할 때
나의 진리가 되어 주소서.
오직 주님의 진리만이
나를 치유할 수 있습니다.
주님의 진리만이
나를 불의에서 벗어나게 합니다.

주님은 진리이십니다.
나로 하여금 주의 진리의 길을 걷게 하시고
주님 곁에 가까이 있게 하소서.
진리 안에서 나를 거룩하게 하소서.
나를 이겨 주소서.
주님만이 진리이십니다.

나를 본 사람은
누구든지 내 아버지도 본다

로마군 병영 안 지하실. 기둥들이 군데 군데 서 있었습니다. 거기에 어떤 사람이 묶여 있었습니다. 매질하는 종들의 힘겨운 얼굴, 채찍이 들린 손, '꼬리가 아홉 달린 고양이 모양의 고문도구,' 철심이 박힌 가죽 채찍, 그리고 그 행렬 맨 뒤에 얻어맞은 사람. 그들은 그를 묶어서 거칠게 잡아당기며 총독에게로 끌고 갔습니다. 총독은 백성이 보는 데서 그를 가리키며 "보라, 이 사람을"라고 말했습니다.

고대 예술가들은 기꺼이 신이자 인간인 존재神人의 모습을 아름답게 묘사하곤 했습니다. 그것은 신이 혼돈에 빠진 세상을 아름답게 길들이기를 바라는 희망의 표현이었습니다.

예수님 당시 유대인은 어떤 사람이 겪는 고난과 파멸을 그 사람이 지은 죄의 결과라고 보았습니다. 그들은 오직 건전하고 온전한 인간만이 하나님과 올바른 관계에 있다고 보았습니다.

예수님이 이 세상에 찾아오신 이래 우리는 압니다. 구원받은 사람은 자기 자신이 아니라 하나님을 드러낸다는 것을. 그것은 사람이 자기 자신의 고유한 형상을 포기하거나 잃어버리는 정도가 클수록 더욱 뚜렷하게 밝혀집니다. 예수님은 "누구든지 나를 본 사람은 나의 아버지도 본다"고 말씀하셨습니다. 자신이 당할 고난을 앞두고 이렇게 처신하셨습니다.

예수님 이래 노인, 약한 자, 환자 그리고 도움 받을 길 없는 이들은 더 이상 저주받은 존재가 아닙니다. 그들은 고난받으신 이로부터 오는 우선권을 가지고 있습니다. 그들은 자신의 연약한 형상으로 처음부터 끝까지 고난당하신 그리스도를 알려줍니다. 이로써 그를 통하여 그분과 함께 하나님의 형상으로 되어갑니다.

그들은 이런 방식으로 존중받을 수 없을 듯한 모습으로 소멸해가는 자기 자신의 인간상을 아름답게 할 수 있습니다.

《어느 지방 목사의 일기》마지막 쪽에서 베르나노스Bernanos는 죽을병에 걸린 목회자에게 다음과 같이 적었습니다.

"나 자신은 아름다워지는 길을 선택합니다. 나는 살아 있으나 사실은 죽은 이 불쌍한 사람들과 함께 아름다워지렵니다. 자기 자신을 미워하는 일은 생각보다 훨씬 쉽습니다.

사람이 자기 자신을 잊는 데에 은혜가 있습니다. 우리 안에 있는 자존심을 모두 다 죽일 수만 있다면, 은혜 중에 은혜를 받았다면, 비록 고난당하는 그리스도의 지체로서 별 볼일 없는 부분 중에 하나가 되더라도 나는 스스로 겸손해지기를 사랑할 것입니다. – 베르나노스[2]

---

2) in: Georges Bernanos, Tagebuch eines Landpfarrers, Köln, Verlag Jakob Hegner 1964; Freiburg I. Br.: Johannes-Verlag Einsiedeln, 2007.

:: ::

예수 그리스도여

주님에 관해 예언자가 이렇게 전했습니다:

"그에게는 고운 모양도 없고 풍채도 없은즉

우리가 보기에 흠모할 만한 아름다운 것이 없도다.

그는 멸시를 받아 사람들에게 버림 받았으며

간고를 많이 겪었으며 질고를 아는 자라.

마치 사람들이 그에게서 얼굴을 가리는 것 같이 멸시를 당하였고

우리도 그를 귀히 여기지 아니하였도다.

그가 찔림은 우리의 허물 때문이요

그가 상함은 우리의 죄악 때문이라."(사 53 : 2-4)

주님은 사랑하는 분입니다,

그러므로 주님은 스스로 존경받으려 하지 않으십니다.

오히려 주님이 사랑하는 자를 치유하시려고

자신을 내어주십니다.

주님은 우리와 비슷해지셨습니다,

주님께서 자신을 내어주심을 본보기 삼아

우리도 주님과 비슷해지게 하시려고.

주님은 상처받을 수 있으셨습니다,

주님은 사랑이시기에.

그리고 우리가 고난당할 때

주님의 사랑에 붙들려서

머물 곳을 찾게 하시려고.

주님, 나는 주님께 감사드리렵니다.

주님을 알아가며 주님을 사랑하렵니다.

이런 것이 내 안에서 자라나게 하소서,

주님께서 나를 온전하게 재형성하시기까지.

– 성 아우렐리우스 아우구스티누스[3]

---

3) in: Über die Dreieinigkeit 15,51.

과정 안에서
현재와 미래 세상에 살다

길거리에 어떤 사람이 끌려가고 있었습니다. 군인들이 그의 앞과 뒤 그리고 옆에서 둘러쌌습니다. 사람들이 길가에 서서 지켜보았습니다, 가슴 아파하거나 비웃으며. 소음이 들렸습니다. "그에게서 떨어져라. 우리는 그를 다시는 볼 수 없다. 그는 살아남지 못할 것이다." 그 한복판에 어떤 사람이 무거운 십자형 나무토막을 걸머진 채 끌려가고 있었습니다. 그것은 재판정에서부터 이미 그에게 지워졌으며, 그는 그것으로 조금 뒤 죽임을 당할 것입니다.

십자형으로 된 그 나무는 그것을 바라보는 자들에게 저주 그 자체였습니다. 당시 사람들은 그것을 짊어진 자를 하나님과 사람으로부터 버림당하고 저주받은 자로 여겼습니다. 사람들은 그에게 회개가 아니라 처형되어야 한다며 아우성을 쳤습니다. 아마 자술서라도 쓰라는 강요를 당할지도 모릅니다. 그는 자기 자신이 선택한 짐 곧 신앙 없는 자들이 질 짐을 져야만 했습니다.

초대교회는 여기서 '그리스도의 법'이라 불리는 것 곧 서로 다른 사람의 짐을 지라는 말씀(갈 6:2)이 실현되는 것을 보았습니다. 다른 사람의 짐을 진다는 말은 다른 사람이 행한 바로 그 잘못을 자기 자신의 것으로 받아들인다는 뜻입니다. 이것은 다른 사람이 진 죄의 짐을 마치 자기가 진 죄에 대한 벌을 받기라도 하는 것처럼 고난을 당한다는 말입니다.

결코 흔들리지 않으면서 언제나 현명하고 포용력 있게 인생을 살아 가려는 사람은 자신의 과업을 결코 완수할 수 없습니다. 오히려 과중한 부담을 느끼며 몸살을 앓고 죄책감에 시달리며 쫓길 것입니다.

그리스도와 함께 길을 간다는 말은 다음과 같은 뜻입니다: 우리는 과정 안에서 그리고 도상途上에서 이 세상과 장차 다가오는 세상에 살고 있습니다. 우리는 지금 그 길을 걸어가고 있습니다.

:: ::

우리는 십자가를 끌고 가는 것이 아니라 지고 가야 합니다. 그리고 그것을 짐으로보다는 보물로 여겨야 합니다. 십자가를 통해서만 우리는 진정 예수님을 닮아갈 수 있습니다.

– 페넬론(Fénelon)[4]

:: ::

너는 모를 것이다, 네가 져 보지 않은 짐이 얼마나 무거운지를.

– 아프리카 속담

---

4) in: M. de Genoude(Hg.), Euvres spirituelles de Fénelon, tome second. Paris: Dufour et Co. Éditeurs, 1842.

:: ::

예수님,

누구든지

주님과 함께 살고자 하는 사람은

주님과 함께 죽어야 하리라고

주님은 말씀하셨습니다.

주님은 원하십니다,

이생의 희망과 좋아하는 사상으로부터

내가 떠나기를.

주님은 원하십니다,

비록 다른 이들에게 오해를 받더라도

내가 기꺼이 위와 같이 행하기를.

그렇게 하려면 나는 외로워질 것입니다.

고통을 두려워하지 말아야 할 것입니다.

나는 죽음 앞에 서는 불안도 감수해야 할 것입니다.

주님은 이 길에서

내 인생길에 나와 동행하기를 원하십니다.

내가 다른 사람의 죄를

마치 나의 것이라도 되는 양 짊어지게 하고자

주님은 나의 죄도 받아주셨습니다.

나의 모든 짐, 소홀히 함,

잇속 차림, 호기심과 시기,

배려심 없음과 악하게 대하기,

죄를 짓고 쫓겨나는 사람에게

주님은

나 혼자서라도 다가가기를 원하십니다.

이로써 주님 안에서만 머물 곳이 있음을

나도 배우게 하십니다.

만일 내가 주님을 알지 못한다면

내 인생의 마지막 길은 외로움밖에는 없을 것입니다.

주님은

내가 사람들이 세상에 쏟아놓는 저주들 가운데 한 부분

곧 내 몫을 짊어지라고 하십니다.

주님 나를 도우소서,

그것을 감당하도록.

주님께서 나와 함께 그것을 져 주시니 참 감사합니다.

분명히 죽다.
그리고 새 생명을 확실하게 얻다

도시 앞 산기슭 언덕에 형틀이 설치되었습니다. 세 사람이 십자가에 달렸습니다. 그들은 죽음에 이르는 고통을 끔찍하게 겪고 있었습니다. 사람들이 비웃으며 그 모습을 구경했습니다. 기나긴 낮 시간이 지나면서 죽음이 서서히 찾아왔습니다.

무슨 목적으로 우리는 이 장면을 자주 떠올립니까? 그것은 우리가 다른 사람의 고통을 아무렇지도 않게 지나쳐 버리곤 하기 때문입니다. 우리 자신의 죄를 늘 잊고 살기 때문입니다. 그런 일들을 그냥 수수방관하거나 망각해서는 아니 되기 때문입니다.

특히 골고다 언덕에서는 한 사람이 모든 사람을 위해 죽었습니다. 그 죽음과 그 끔찍스러움을 통하여 우리는 죽음으로부터 자유를 얻었습니다. 이제 우리는 우리 자신의 죽음 앞에서 우리를 죽게 만든 다른 사람을 저주하지 않으며 죽을 수 있게 되었습니다. 우리는 우리와 함께하시는 하나님 및 다른 사람들과 함께 평안히 죽을 수 있게 되었습니다.

우리는 죽음을 통해 하나님의 의와 사랑이 가득 찬 나라로 들어갑니다. 우리는 분명히 목숨을 잃었습니다. 그러나 분명히 또 다른 생명을 얻었습니다.

로제 페론노Roger Péronneau는 학생으로 1920년 9월생입니다. 1942년 3월 23일 사형선고를 받았습니다. 감옥에 갇힌 지 9개월 만인 1942년 6월 29일 몽트-발레린에서 총살당했습니다. 그가 쓴 편지입니다.

마음깊이 사랑하는 부모님,

조금 뒤 정오에 저는 총살당할 것입니다. 지금은 9시 15분입니다. 제게는 기쁜 마음과 기대하는 마음이 뒤섞여 있습니다.

저를 용서해주세요. 저는 부모님께 이미 크나큰 고통을 안겨드렸고 지금도 안겨드리고 앞으로도 또 안겨드릴 것입니다. 저를 용서해주세요, 제가 행한 모든 악한 일들 그리고 행하지 않은 모든 선한 일들에 대하여.

저의 유서는 짧습니다. 저는 부모님의 신앙을 그대로 지켜나갈 것을 맹서합니다. 특히 저에게 총 쏘는 자들을 결코 미워하지 않을 것입니다. "너희는 서로 사랑하라"고 예수님이 말씀하셨습니다. 제가 귀의하는 기독교, 그리고 부모님이 결코 멀리 하지 말라 가르쳐 주신 기독교의 으뜸가는 교훈은 사랑입니다. 저는 힘을 다하여 두 분 부모님을 포용합니다. 저는 작별할 사람들의 이름을 일일이 적지 않겠습니다. 내 마음에 인상 깊게 새겨져 있는 이름들이 너무 많기 때문입니다.

– 부모님의 또 부모님을 마음깊이 사랑하는 아들, 손자, 그리고 형제인 로제[5]

---

5) in: Helmut Golwitzer, Käthe Kuhn, Reinhold Schneider[Hg.], Du hast mich heimsucht bei Nacht- Abschidbriefe und Aufzeichnungen des Widerstandes 1933-1945, München: Kaiser Verlag, 1989.

:: ::

레오 백Leo Baeck이 유대인 수용소에서 드린 기도

악한 뜻을 품은 사람들에게 평화가 있으라!
그리고 모든 보복에도 마침표가 찍히라!
모든 처벌과 징계도 함께.
모든 기준이 잔혹한 행동을 비웃습니다:
그들은 인간적 지각능력의 경계선 저 멀리에 서 있습니다.
피 흘림을 증언하는 사람들이 아주 많습니다.

그러므로,
오 하나님!
주님께서 교수대에 올려야겠다고 여기시는
냉혹한 결산서를 제출해야 할 그들의 고난을
정의로운 저울에 달지 말아 주십시오.
아마 사람들은 그들을 교수대에 올려야 한다고 여기겠지요.
그들에게는 정의의 저울과는 다른 잣대를 적용해 주소서.
진실로 모든 단두대를 만든 자와 밀고자와
반역자와 악한 모든 인간들에게 고소장이 써지고
그 대가를 치르게 해야 할 것이나
오히려 이런 것들과 다른
하나님의 자비와 긍휼이 작용하게 하소서.

기도를 어떻게 드릴까요?

다른 사람들을 안심시키려고
영적인 능력을 발휘하는 이들과
고급스러운 품격으로 일하는 이들과
다른 이들 안에서 묵묵히 헌신하는 이들과
어떤 상황에서도 희망을 꺾지 않는 이들과
눈물겨운 패배 속에서도
용기어린 웃음을 잃지 않는 이들과
모두를 사랑하며
또 사랑이라 부를 만한 희생을
감수하는 이들을 보아서라도
그들을 용서하소서.
갈아 엎어놓은 밭처럼 가슴이 파혜쳐졌으면서도
죽음 앞에서도 그리고 죽어가면서도
아무것도 할 수 없는 무기력한 시간에도
끊임없이 하나님을 강하게 신뢰하는 사람들이 있습니다.

오 하나님,
주님은 죄인들 앞에서 그들을 속량하시려고
값을 치르셨습니다.
그 대가로 그들의 죄를 용서하셨습니다.
그 대가로 의롭게 부활하셨습니다.
그러니 그들의 악함이 아니라

선한 이들의 믿음을 살펴주소서.

적대자들을 생각함으로써
또 다른 희생자를 만들어내지 않게 하소서.
그들이 악몽이나 무서운 귀신에게
더 이상 시달리지 않게 하소서.
그보다는 격분을 몰아내게 도우소서.

다만 우리와 그들이 다 기도드리게 하소서.
이 모든 일이 다 지나간 뒤에
우리가 다 같이
사람과 함께 사람으로 살 수 있기를 원합니다.
이 불쌍한 세상에서
다시 평화롭게 살 수 있기를 원합니다.
사람을 초월하는 선한 의지에 이끌려
우리와 다른 이들에게도 평화가 임하기를 원합니다.

– 레오 백(Leo Baeck)[6]

---

6) in: Theodor Bovet, Angst, Sicherung, Geborgenheit, Bielefeld: Furche-Verlag, 1975.

그분 말씀을 마치
내 말인 것처럼 하다

성경은 우리가 그리스도 안에 있고 그리스도가 우리 안에 계신다는 두 가지 사실을 다 이야기합니다. 우리는 세례와 믿음을 통해 그리스도 안에 있습니다.

동시에 그리스도는 우리가 사는 자리에 보호자로 계십니다. 그리스도는 또한 '우리 안에' 계십니다. 성령님을 통해서.

성령님은 하나님의 창조하시고 변화시키시는 능력입니다. 그분은 우리 안에서 일하시는 중입니다. 이것은 우리가 그분과 얼마나 밀접한 관계인지를 보여줍니다. 우리는 그분을 통해 하나님께로 나아갑니다. 그분을 통해 하나님 사람으로 부름을 받았습니다. 그분을 통해 하나님 일꾼(사명자)으로 세상에 살고 있습니다. 그분을 통해 그리스도는 우리 안에서 우리를 변화시킬 뿐만 아니라 우리를 위해 존재하십니다.

하나님께서 이렇게 하시는 목적을 사도 바울은 다음과 같이 요약했습니다. "이제는 내가 사는 것이 아니요 오직 내 안에 그리스도께서 사시는 것이라 이제 내가 육체 가운데 사는 것은 나를 사랑하사 나를 위하여 자기 자신을 버리신 하나님의 아들을 믿는 믿음 안에서 사는 것이라" (갈 2:20)

이런 뜻에서 우리는 하나님께 기도드릴 때 "우리 구주 예수님 이름으로 기도드립니다, 우리 구주 예수님을 통하여 기도드립니다, 우리 구주 예수님으로 인하여 기도드립니다"라고 합니다. 이로써 우리는 그리스도와 같은 자리에 있으면서 하나님께 '그분의 이름으로' 다시 말해 마치 우리가 그분과 하나인 것처럼 말씀드립니다.

오늘도 우리는 주님께서 가르쳐 주신 기도를 드립니다. 우리는 "하늘에 계신 우리 아버지여" 또는 "내 뜻이 아니라 아버지의 뜻대로 이루어지기를 원하나이다." 또는 "아버지여, 그들을 용서하옵소서"라고 그분께서 하신 기도를 따라 합니다. 그러면서 우리는 그분을 전합니다.

우리는 그분께서 쓰신 용어를 마치 우리 자신의 말처럼 사용하면서 그분이 우리 기도 안에 점점 더 깊게 들어오실 수 있게 합니다.

:: ::

예수 그리스도께 온전히 헌신하려는 사람은 그분의 이미지를 간직할 것이고 더 나아가 떠맡아야만 합니다. 그는 하나님의 자녀가 될 것입니다. 그는 그리스도 곁에 머물 것입니다. 그분은 우리와 같은 하나님 형상이며 눈에 보이지 않는 형제입니다.

– 디트리히 본회퍼[7]

---

7) in: Dietrich Bonhoeffer, Werke Bd. 4(Hg. Martin Kuske, Ilse Tödt), Gütersloh, Kaiser Verlag, 1989.

:: ::

하늘에 계신 우리 아버지

우리 구주 예수 그리스도를 통하여

주님께 말씀드리며 기도드립니다.

그분을 통해 우리는 주님을 알게 되었습니다.

우리가 어떻게 기도드려야 할지를 그분께서 가르쳐주셨습니다.

우리는 그분과 대화를 나누며

그분께서 우리를 위해

우리 말을 주님께 전달하시는 그 신비를 신뢰합니다.

그분은 주님을 향해 '아버지'라고 부르셨습니다.

우리도 그분을 따라 주님을 '아버지'라 부릅니다.

그리고 주님께서 존재하심과 주님께서 들으심을 믿습니다.

하늘에 계신 우리 아버지여.

그분이 우리 곁에 계시기에 우리에게는 용기가 납니다.

그분이 우리에게 나타나셨기에 우리는 주님께로 나아갑니다.

그분이 우리를 위해 등장하셨기에 우리는 기도를 드립니다.

우리 주 예수 그리스도의 이름으로

우리는 주님을 부르며 주님을 찬양합니다.

우리는 주님 이름을 가지고 다닙니다.

우리는 그분께서 쓰셨던 용어들로 주님께 말씀을 드립니다.

우리가 주님께 기도드리는 것이 그분의 뜻이었습니다.

그래서 우리는 그분이 주님을 신뢰하셨던 그 믿음으로

그분의 이름으로 주님께 말씀을 고합니다.

우리의 영혼을 주님의 손에 맡기나이다,

하늘에 계신 우리 아버지여.

:: ::

사람인 우리가 그리스도의 힘으로 채워지고 온전히 받아들여지기를 바라
는 마음으로 빈자리를 주님께 드리는 것 말고 다른 무엇을 할 수 있겠습
니까?

- 요한 알브레히트 벵겔[8]

:: ::

나는 예수님께 묻습니다:

내가 어디로 가야 하겠습니까?

주님은 나를 위한 방향을 가지고 계십니까?

어디가 나의 목적지입니까?

그리고 나는 그분 음성을 듣습니다:

나는 네게 그것을 보이리라,

거울과 비유로.

---

8) in: Johann Christian Burk, Dr. Johann Albrecht Bengels Leben und Wirken, Stuttgart: Verlag von J. E. Steinkoff 1831.

기도를 어떻게 드릴까요?

나는 그분 음성을 듣습니다.

"네 이웃에게로 가거라

세상 끝까지 가지 말고

가까운 네 이웃에게로 가라

다음과 같이 말하며 꿈꾸는 자를

나무라거라

'두 발로만 사람은 이 세상에 서야 한다.'

목적지에 도달하려는 자는

나그네 길에 있어야만 한다.

두 발로 땅을 온전히 디디고 서려는 자는

앞으로 나갈 수가 없다.

눈을 뜨고

목적지를 내다보라.

그리고 멈추지 말라.

오라!"

:: ::

대학생이던 크리스토프 프롭스트Chritoph Probst가 히틀러 암살단체에 소속되었다가 1943년 23세 나이로 사형당하던 날 자기 여동생에 쓴 편지입니다.

"나는 죽기가 이렇게 쉬운지 미처 몰랐다. 정말로 나는 터럭만큼도 미운

감정이 없다.

결코 잊지 말아라, 생명이란 사랑 안에서만 성장하는 것이며 영원을 준비하는 것이라는 걸."

— 크리스토프 프로스트(Christoph Probst)[9]

:: ::

우리는 아침에 일어났습니다,

하나님으로부터 빛이 나와 무덤들을 비추었습니다.

무덤 입구를 막았던 돌이 깨졌습니다.

그리스도께서 일어나셨습니다, 춤을 추며.

춤, 땅과 태양을 도는 춤,

그리스도를 감도는 춤, 강하고 영적인 춤

우리를 죽음으로부터 해방시키는 춤

부활절은 세상에 대한 심판이었습니다,

오 죽음이여.

주님의 얼굴 안에서 우리는 마음껏 웃습니다.

우리는 우리를 위험하게 하지 않으시는 주님 바라보며 웃습니다.

우리를 인도하시는 주님을 우리는 따릅니다.

---

9) in: H. Golwitzer u. a.(Hg.), Du hast mich heimgesucht bei Nacht - Abschiedsbriefe und Aufzeichnungen des Widerstandes 1933-1945. München. Kaiser Verlag. 1957.

기도를 어떻게 드릴까요?

죽음이 있는 곳 죽음이 일하는 곳에서 우리는 일어섭니다.

부활의 노래를 부르며 우리는 일어섭니다.

우리는 불안감을 털고 일어나 끝까지 나아갑니다.

침침한 문을 지나 춤이 준비된 곳으로

이 축제의 인도자이신 주 예수 그리스도가 몸소

우리를 춤추게 하십니다.

사흘째 날이 밝다

십자가에서 그분이 죽임당한 지 사흘째 되는 날이었습니다. 제자들은 방안에 틀어박혀 있었습니다. 그들은 문을 걸어 잠갔습니다. 그 모양은 마치 무덤 입구가 돌로 막혀 있는 것과 똑같았습니다.

그 안에서 그들은 지나가는 사람들의 발자국 소리에도 불안해하며 몸을 떨었을 것입니다. 조롱하던 자들은 그곳을 가벼운 발걸음으로 지나치는 듯이 보였고, 군인들은 군홧발로 문을 걷어차고 금방 쳐들어오기라도 할 것 같았습니다. 그 문은 제자들의 세계를 둘로 나누어 놓았습니다. 한편은 폭력이고 다른 한편은 불안감이었습니다.

사람들은 자기들 힘의 절반을 그 한쪽에 쓸 것입니다. 나머지 절반의 힘을 가지고 최소한의 공간에서 자유롭게 숨 쉬려 안간힘을 다할 것입니다.

그곳에 예수님이 등장하셨습니다, 문이 열리지 않았는데도. 그리고 말씀하셨습니다. "너희에게 평화 있으라." 이 짧은 인사말로 그분은 사람과 현실 세계 사이의 균열을 치유하셨습니다.

예수님께서 사람들에게 짐을 덜어주는 말씀을 하셨습니다. "내 짐은 가벼우니라"(마 11:30)고 그분이 말씀하셨습니다. 나중에 예수님께서 "나는 양의 문이다"(요 10:7, 9)라고 하셨습니다. 마침내 그분 자신이 문으로

기도를 어떻게 드릴까요?

들어오셨습니다. 이는 부담을 주거나 강요하거나 두렵게 하는 것이 아닙니다. 오히려 사슬을 풀어주는 것이요 자유하게 하는 것입니다.

부활을 경험한 사람은 이렇게 됩니다. 그는 다른 사람들에게 "평화 있으라" 인사하며 문으로 들어갑니다. 그리고 하나님으로부터 받은 구원의 선물을 나누어줍니다.

:: ::

나의 주
나의 형제이신 예수님,
감사드립니다.
주님은 내게 목적지를 보여주셨습니다.
사실 나는 그것을 잘 몰랐습니다.
주님은 체포되셨으나 자유로우셨습니다.
그 부분에서 저도 주님과 같습니다.

나는 더 이상 나 자신의 노예가 아닙니다.
그리고 나 자신의 감옥지기가 더 이상 아닙니다.
나에게는 주님을 신뢰하지 않을 이유가 없습니다.
나는 나를 미워하지 않습니다.
나는 나 자신에게 두려워할 필요가 없습니다.

나는 이제는 지난날의 내가 아닙니다.

나는 내 자신에 관해
내 스스로 알고 있던 그런 사람이 아닙니다.
그 대신 주님께서 나에게서 무엇인가를 만들어가는 중입니다.
주님은 내게 능력을 요구하지 않으십니다.
나의 거절을 이유로 나를 판단하지 않으십니다.

나는 사로잡혔으나 자유롭습니다.
나는 주님 이름으로 세례를 받았습니다.
나는 주님의 빛을 반사하며
그 자리에 머물고 있습니다.
주님의 성령으로 새로운 피조물이 되었습니다.

인생이 살 만한 가치가 있는가를
나는 더 이상 묻지 않습니다.
왜냐하면 나는 이미 주님을 통하여 살고 있기 때문입니다.
주님께 감사드립니다, 그리스도시여,
지금 그리고 영원히.

기도를 어떻게 드릴까요?

양식과 빛이
하늘에서 내려오다

"나는 하늘에서 내려온 살아 있는 떡이니 사람이 이 떡을 먹으면 영생하

리라 내가 줄 떡은 곧 세상의 생명을 위한 내 살이니라 하시니라"(요 6:51)

:: ::

살아계신 그리스도시여,
돌을 가지고 양식을 만들라는 요구를
주님은 거절하셨습니다.
주님은 '아버지 말씀이 내 양식이라'고 하셨습니다.

물론 땅에서 나오는 양식도 주님께서 주신 것입니다.
인간이 이 땅에 존재하면서부터
주님은 사람들의 양식이셨습니다.

땅에서 나오는 양식으로 인하여 주님께 감사드립니다.
그리고 하늘에서 내려온 양식에도 감사를 드립니다.
나는 주님께서 주시는 그것을 먹습니다.

말씀 한 마디로 내가 살 수 있다는

그 비밀을 나는 간직하렵니다.

그것이 내 양식이 될 때까지

나는 그것에 붙어 있겠습니다.

이 세상에서 나는 양식도

주님으로부터 온 것이라는 비밀을

나는 간직하렵니다.

내 양식에서 주님을 만나 교제할 때까지

늘 감사드리는 맘으로 그것을 먹겠습니다.

:: ::

주님은 양식입니다,

주님 생명이 제단에서 흘러나와

이 땅에 사는 우리에게로 다가옵니다.

주님께서 식탁에도 복을 내려주시니 식탁 역시 거룩해집니다.

우리에게 주어지는 것들을 우리도 높이 들어 올립니다,

주님께서 최후의 만찬에서 하셨던 것처럼.

주님, 모두가 다 주님으로부터 오는 생명으로 살게 하소서.

죽은 자들에게도 자비를 베푸소서.

- 라인홀트 슈나이더[10]

---

10) in: Das Vaterunser, Freiburg I. Br., Verlag Herder. 1978.

:: ::

검은 땅에서
양식이 자랍니다.
제대로 성장하려면 빛도 필요합니다.

주 하나님,
세상을 창조하실 때
주님은 빛을 창조하셨습니다,
하나님의 영과 말씀을 가지고.

세상에 빛이 잦아들 때에도
낮이 찾아올 것입니다.
주님 자신이 세상의 빛이기 때문입니다.
주님께서 우리를 새롭게 창조하실 때에만
우리는 세상의 빛이 될 수 있습니다.
지금 가는 길에서 빛이 될 때까지
우리는 주님의 환한 빛을 바라보렵니다.

이 세상을 비추는 빛도 주님으로부터 온다는
그 비밀을 나는 간직하렵니다.
그 빛이 주님으로부터 온전히 빛날 때까지
나는 항상 감사하며 그 빛을 즐기렵니다.

:: ::

예수님이 말씀하셨습니다:

"나는 세상의 빛이니 나를 따르는 자는 어둠에 다니지 아니하고 생명의
빛을 얻으리라"(요 8:12)

기도를 어떻게 드릴까요?

우리는 알았다,
무엇을 말해야 하는지

그로부터 50일이 지났습니다. 그들은 그때 일을 다음과 같이 표현하는 것 밖에는 달리 아는 것이 없었습니다:

"바람이 하나님으로부터 내려왔습니다. 불이 내려왔습니다. 우리가 다 변화되었습니다. 그리스도께서 우리와 함께 계시는 것을 우리는 알았습니다. 우리는 말을 할 수 있었습니다. 우리는 무엇을 해야만 하는지를 알았습니다. 새삼스럽게 우리는 예수님이 우리와 함께 가셨던 그 길을 보며, 우리 발도 그리로 향해야 하는 것을 알았습니다. 그분은 우리를 곧바로 사람들 가운데로 이끌어가셨습니다. 그 길에서 예수님과 함께 사람들에게로 가는 것 말고는 중요한 것이 아무것도 없었습니다. 우리는 그분과 '한 몸'이 되었습니다. '교회'가 되었습니다."

그들은 기억해냈습니다:

"예수님이 아직 갈릴리 이곳저곳을 다니실 때 일입니다. 예수님과 함께 다니던 그들은 어느 날 배를 타고 게네사렛 호수 저편으로 향했습니다. 갑자기 폭풍이 몰아쳤고 작은 배는 금방이라도 뒤집힐 것처럼 흔들렸습니다. 그 밤중에 예수님은 파도 위로 걸어오셨습니다. 그리고 그들이 의식하지 못하는 사이에 어느새 호숫가에 도착하게 해 주셨습니다."

그들은 깨달았습니다.

"주님께서 오시자 풍랑에 흔들리던 자신들의 배는 제 길로 가 목적지에 이르렀습니다. 그들이 위기에 처하자 주님이 그들에게 오셨습니다. 그들이 호숫가육지에 도달했을 때 주님도 그들과 함께 계셨습니다. 그리고 주님은 파도를 넘어 그들보다 먼저 건너셨습니다."

그들은 그 이전 일도 기억해냈습니다: 세상이 창조되던 때의 이야기입니다. 아직 모든 것이 캄캄하고 혼돈과 공허 상태에 있을 때였습니다. 바람에 비유되곤 하는 하나님의 영이 불어왔습니다, 그 혼돈 위로. 그리고 하나님께서 말씀을 하시자 세상이 창조되었습니다.

지금 하나님께서 만물을 새롭게 창조하시자 그들은 또 다른 경험을 하였습니다.

"마치 벽 앞에 서 있는 것 같던 사람이 하나님의 영이 안으로 불어오자 가야 할 길이 자기 앞에 놓여 있는 것을 보았습니다. 그 전에는 모든 것이 의미 없게만 생각되었는데 이제 그들은 사명의식을 느꼈습니다. 자기들만 홀로 있다고 생각한 바로 그곳에서 동반자를 찾아냈습니다. 그전에는 자신을 변화시켜보겠다고 노력했던 것이 다 수포로 돌아간 듯 보였는데 이제는 감히 변화될 생각을 다시 품게 되었습니다. 그들은 새로운 피조물이 되었습니다, 자기 자신의 노력을 통해서가 아니라, 하나님의 영으로 인하여서."

그리스도인인 우리에게는 오늘도 이미 주어진 세상 현실에 만족할 만한 이유가 충분히 있습니다. 그렇더라도 그것에 연연하지 않고 더 나은 미래를 위해 헌신할 동기가 이미 주어졌습니다. 새롭고도 다른 것 곧 옛것 그 한 가운데에서도 새로운 세상과 새로운 인간을 온 힘으로 기대할 이유가 충분합니다. 이것은 하나님의 영이 주시는 선물입니다.

:: ::

우리 주 그리스도 예수님
우리를 살아 있는 자로 만들기 위하여
믿음을 가질 수 있게 하려고
그리고 평화롭게 하려고
주님은 자신의 영을 우리에게 보내준다고 약속하셨습니다.

이에 주님께 감사드립니다.
이 감사는 내 자신에게서 나오는 것이 아니라
다만 주님이 내 안에 놓아두신 것입니다.
내 안에는 감사할 줄 모르는 인간이 들어 있습니다.
이에 나는 스스로 주님 앞에 엎드립니다.
이는 내 스스로의 힘으로 되는 것이 아닙니다.
다만 주님이 내 안에서 스스로 자신을 낮추시기 때문입니다.
내 안에 들어 있는 완고한 인간성이 이제야 주님을 따를 뿐입니다.

이에 나는 주님 안에 머뭅니다.
이는 내가 주님 안에 꾸준히 머물 만큼 신실하기 때문이 아닙니다.
'나는 꾸준한 사람이 못 됩니다'

다만 주님이 나를 굳게 잡아주시기 때문입니다.

이에 나는 오직 주님께만 귀를 기울입니다.
이는 내가 세속에 초연하기 때문이 아닙니다.
다만 주님이 여러 잡소리로부터 나를 자유하게 하시기 때문입니다.
주님이 내게 이런 자유를 선물해 주셨습니다.

이에 나는 온전히 주님만을 의지합니다.
이는 주님이 내 근심 걱정을 모두 맡아 주셨기 때문입니다.
주님에게 있는 평강과 신뢰를 내게 물려주셨습니다.

나는 즐거워할 수 있습니다.
그 이유를 말로 다 설명할 수 없습니다.
이제 다시는 내가 내 자신에 관해 우쭐해지지 않게 도우소서.
주님 주신 선물 안에 머물게 하소서
주님 주신 평화 안에 있게 하소서
그리고 나의 신심은 오직 주님 안에 있게 하소서.

나로 하여금 나 자신과 더불어 평화롭게 하소서.
내가 누구인지 이제 나는 이전보다 더 잘 압니다.
내 자신의 존재 가치를 내 스스로 만들어낼 수 없습니다.
나는 내 자신의 능력이나 실적에 매여 살지 않습니다.

나는 내 자신 또는 세상의 거절에 떠밀리지 않습니다.

나는 크게 숨을 쉽니다. 그리고 살아갑니다.

내가 넘어질 때에 누군가가 나를 붙들어줍니다.

밤이 지나고 나면 어김없이 낮이 옵니다.

나는 멀리서 들려오는 음악소리를 듣습니다.

나는 모든 것이 보기에 좋았더라는 음성을 듣습니다.

하나님은 모든 것 안에 계십니다.

그분은 내 안에 있는 것들 바로 그 모두입니다.

물론 세상에는 어둠의 세력이 있습니다.

그런데도 그것들이 나를 위협하지 못합니다.

물론 나의 계획들이 몽땅 다 무산될 수도 있습니다.

그렇더라도 나는 거기에 떠밀리지 않습니다.

나는 약해질 수도 있습니다.

그렇더라도 나는 내 자신의 다리로 서느라

지쳐버리지 않습니다.

그런 모든 것들을 나는 받아들일 수 있습니다.

그렇더라도 그런 것에 얽매이지는 않습니다.

나는 나의 순수한 마음을 굳게 지켜내지 못할 수도 있습니다.

그렇더라도 하나님은 나의 죄 없는 부분까지 무시하지 않으십니다.

오히려 내가 죄를 지은 바로 그 부분에도

사랑으로 다가오십니다.

내 존재를 주님의 존엄하심 안에 받아주신다는 것을

나는 알고 있습니다.

주님의 조용한 음성, 하나님, 내게 들려주소서.

:: ::

미래는 우리 믿음과 소망과 공동체적인 사랑의 효력으로부터 실재로 솟

아난다. 미래는 순전히 미래를 향한 우리의 상상들 곧 매일 새롭게 이겨

나가는 것으로 효과가 나타난다.

– 유진 로젠스톡-휘씨[11]

너희는 세상의 빛이라 산 위에 있는 동네가 숨겨지지 못할 것이요(마 5:14)

:: ::

천사들이 하나님을 찬양하는 것이 위대하지 않은가?

아니다, 만일 우리가 그런 위치에 있다면

우리 역시 그렇게 하였을 것이기 때문이다.

내 생각에는

재난이 연달아 몰려올 때

---

11) in: Eugen Rosenstock-Huessy, Die Sprache des Menschgeschlechts - Eine leibhaftige Grammatik in vier
    Teilen Bd. 2, Heidelberg, Verlag Lambert Schneider, 1964.

욥이 하나님을 찬양한 것은 참으로 위대하다.

천사들의 찬양보다는

분명 그의 찬양이 훨씬 더 하나님 마음에 들었으리라.

– 게하르트 테르스테에겐(Gerhard Tersteegen)

'작은 나'에게
'위대한 나'가 찾아오다

각 사람은 제각각 다른 이를 위한 중재자 사명을 띠고 있다는 점을 구약성경은 되풀이 밝힙니다. 그 일을 하는 과정에서 그 사람은 하나님을 만납니다. 성경은 그런 사람들을 가리켜 '하나님의 종'이라 부릅니다.

이런 것은 신약성경에도 자주 나옵니다. 예수님은 자신과 동행할 사람들을 부르셨습니다. 예수님을 따르는 그들이 눈으로 본 것을 실행하라고 하셨습니다. 그들을 가리켜 '제자'라고 불렀습니다. 그 일을 하기에 적합하다고 기대할 수 없는 이에게 예수님은 "다른 보혜사를 너희에게 주사 영원토록 너희와 함께 있게 하리니"(요 14:16)라고 하셨습니다.

이것은 성령님을 가리킵니다. 성령님은 위로하는 일을 하십니다. 예수님의 동역자들에게 성령님은 그분께서 세상에 계실 때 하셨던 일들을 자신의 사명으로 받아들이게 하십니다. 사실 예수님도 이 세상에 계실때 그 정체성에 의심을 받았습니다. 사람이 볼 때에는 그분도 성공했다고 하기 어렵습니다.

성령님은 또한 변호인 역할을 하십니다. 예수님의 사람들이 세상에 나가 사명을 감당할 때 무방비 상태이거나 초라해질 때 누군가가 와서 비방할 수 있습니다. "너희가 하나님의 동역자가 되려 하느냐?" 가장 커다란 고소자를 히브리 성경은 사탄이라 부릅니다. 그는 노력하는 그들에게 재앙을 가져다 놓을지 모릅니다. 이럴 때 성령께서 개입하십니다. 그분은 세상에서 가난하게 사셨던 그리스도를 보여주시며 그 후계자들의 가난을 보충해주십니다.

요한복음 기자는 제자에 관해 이야기할 때 의미 있는 표현을 씁니다. 그는 자기 자신을 '나'라는 말로 하는 대신에 '예수님이 사랑하시는 제자'라고 합니다. 여기서 그는 예수님이 자신을 표현하실 때 '나는…이다' 라고 하셨던 것을 염두에 두었던 것 같습니다. 적어도 자신을 그분과 똑같은 문학형식으로 표현할 수 없었을 것입니다. 이런 그의 태도는 다른 이에게 영향을 받았습니다.

사도 바울은 '작은 나'에게 다가온 '위대한 나'를 비교하였습니다. "이제는 내가 사는 것이 아니요 오직 내 안에 그리스도께서 사시는 것이라."(갈 2:20) 그가 "주의 영이 계신 곳에는 자유가 있느니라"(고후 3:17)고 한 것은 근심하지 않는다는 뜻입니다. 이제 그는 더 이상 종교적 성자나 탁월한 사람이 되고자 노력하며 안달할 필요가 없었습니다. 그에 따르면 밝은 태양 아래 머문다고 해서 우리가 세상의 빛이 되는 것은 아닙니다. 그보다는 오히려 사람들의 악과 어리석음과 게으름 등 쓰레기통과 같은 것을, 예수님이 그러하셨듯이. 자신의 것으로 받아들일 때 세상의 빛이 됩니다.

:: ::

그리스도여,

주님은 우리를 부르셨습니다.

우리가 주님 말씀을 경청할 때

세상의 소란함에 끌려 다니는 심란한 마음을 잠잠하게 하십니다.

주님은 우리의 약점을 아십니다.

우리가 얼마나 쉽게 용기를 잃는지를 주님은 아십니다.

주님은 앞으로 나갈 때마다 우리가 얼마나 불안해하는지 아십니다.

주님이 필요한 자리로 우리를 인도하셔서

우리를 쓸모 있게 하소서.

주님

주님 이름으로 우리가 행하는 것들이

어떤 결과를 낳을지 우리는 잘 모릅니다.

다만 연장은 자신이 쓰임받는 그 일이

어떤 의미가 있는 것인지를

고민할 필요가 없다는 것만은 알고 있습니다.

우리는 주님의 도구입니다.

주님께서 우리를 주님 손에 취하셨습니다.

우리를 사용하소서.

:: ::

주님께서 원하시는 그것을 내게 주소서.

'얼마나' 그리고 '언제인지'는 주님께서 정하소서.

나로 하여금 주님께서 가장 기뻐하시며

주님이 원하시는 것을 따라 행하게 하소서.

그리하여 사람들이 나를 보며

이는 주님께서 하시는 일이로구나 하며 깨닫게 하소서.

주님께서 원하시는 곳에 나를 세우소서.

그리고 모든 일에서 나와 함께 역사하소서.

주님 손안에 내가 있나이다.

주님 뜻에 따라

어느 곳을 향하든지 나를 이리저리 돌리며 사용하소서.

나는 주님의 종입니다.

나는 그 어떤 것이든 준비되어 있습니다.

왜냐하면 나는 내 스스로 홀로 사는 것이 아니라

오히려

완전히

주님을 존귀하게 하며 살려 하기 때문입니다.

– 토마스 폰 켐펜[12]

---

12) in: Thomas von Kempen, Die Nachfolge Christi III. Buch 15. Kapitel, Verlag Butzen & Bercker, 2007.

끊임없는 교류를 선택하다

"한 나병환자가 나아와 절하며 이르되 주여 원하시면 저를 깨끗하게 하
실 수 있나이다 하거늘 예수께서 손을 내밀어 그에게 대시며 이르시되 내
가 원하노니 깨끗함을 받으라 하시니 즉시 그의 나병이 깨끗하여진지라"
(마 8:2-3)

하나님의 동역자로 일하는 사람은 자신의 역할에서 아주 작은 성과만
이라도 거둘 수 있기를 기대하지 않도록 주의해야 합니다. 몸이 병든 것이
나 영혼이 건강해지는 것은 결코 자기 자신에게 달린 일이 아닙니다. 그렇
더라도 우리는 그 일 자체를 우리 역할로 받아들여야만 합니다.

많은 경우 치유란 아주 우연히 일어나는 듯 보입니다. 우리는 그저 아
파하는 그 사람과 같이 아파했을 뿐이고 그를 아주 조금 보살폈을 뿐인
데도 말입니다.

우리 역할은 그 사람을 위해 같이 염려하는 것뿐입니다. 그것으로 충
분합니다. 건강한 사람은 본능적으로 환자와 거리를 두려 합니다. 만일
그가 환자를 위해 걱정한다면 그는 자신과 그 사람을 연결시키는 것입
니다. 바로 거기서 힘이 생기고 바로 거기서 치유가 일어납니다. 왜냐하
면 사람의 육체와 영혼은 결코 따로 분리되지 않았기 때문입니다. 육체

는 영혼의 상태에 민감하며, 영혼은 육체의 상황에 예민합니다.

우리는 믿음과 육체의 상태가 서로 활발하게 교류하는 것을 받아들여야만 합니다. 이런 점에서 손상된 어떤 부분을 따스하게 품는 것은 매우 중요합니다. 믿음을 통해서, 다시 말해 돕는 자와 고통당하는 자 사이에 함께 계시는 하나님을 통해서 우리는 우리 자신이 할 수 있다고 믿는 것보다 훨씬 더 많고 큰 것을 해 낼 수 있음을 믿습니다.

예수님은 우리가 단념하는 것을 원하지 않으십니다. 우리는 하나님의 피조물이 신음하는 바로 그곳에 그리고 자신의 행복을 가로막는 그 자리에 함께 있기를 선택해야 합니다. 우리는 거기서 사람이 건강해지고 웃음을 되찾도록 헌신해야 합니다. 하나님은 피조물에게 생명을 선물로 주셨습니다. 만일 우리가 그들을 돕는다면, 우리는 생명을 실현시키는 하나님의 뜻에 동참하는 것입니다.

:: ::

살아계신 그리스도여
주님이 가시는 곳마다 사람과 세상이 변화됩니다.
주님께서는 그곳에 우리가 함께 가기를 원하십니다.

주님은 맹인을 고치러 오셨습니다.
다리 저는 이를 치유하러 오셨습니다.
한센병자를 회복시키러 오셨습니다.
가난한 자들이 하나님을 믿게 하고자 오셨습니다.

우리 눈을 열어 주소서,
사람들이 몸과 영혼으로 겪는 아픔을 알아채도록.
우리의 의지를 굳건하게 하소서,
사람들이 겪는 고난과 고뇌를
우리가 일부러 모른 체하지 않도록.
우리에게 믿음을 허락하소서,
인간의 시련과 아픔을 이겨내는 과정에서
이 시대를 조망할 수 있도록.

주님은 의원이십니다, 우리를 도우소서,
우리 발이 설 수 있는 힘을 갖게.
우리 손이 무엇인가를 만들 힘,
축복하는 힘을 지니게.
우리 눈이 사람들 안에 무엇이 있는지를
발견할 능력을 갖추게.
우리 귀가 침묵하는 고요한 소리를 들을 수 있게.
우리는 주님의 이적을 간구합니다.
그리스도여,
주님의 사랑으로 이 세상을 변화시키소서.
주님께서 우리를 복주심에 감사드립니다.
우리에게 복과 평강을 허락하소서.

∷ ∷

주여

주님 사랑으로

그리고 이 세상에서 주님이 활동하신 것을 보며

나는 내가 누구인지를 제대로 알게 되었습니다.

주님은 진정 쉴 틈 없이 구원을 불러일으키셨습니다.

내 일터에서 주님 영광을 드러내겠습니다.

그리고 사람들에게 복이 되겠습니다.

주님은 내가 그 사역에 동참하시기를 원하십니다.

주님은 말씀하셨습니다:

"나를 떠나서는 너희가 아무 것도 할 수 없음이라"(요 15:5)

그러므로 주님께 간구합니다.

나의 활동이 마치 폭풍우 속의 물 한 방울같이

주님의 거대한 구원 역사에 흡수되게 하소서.

주님 구원은 완전하고도 충만합니다.

– 메흐트힐트 (13세기)[13]

---

13) in: Mechthild von Hackerborn, Das Buch vom strömen Lob. Auswahl, Übersetzung und Einführung von
Hans Urs von Balthasar I. Br., Verlag Herder, 2001.

영혼에는 현실을
돌파하는 힘이 있다

사흘째 되던 날 갈릴리 가나에 혼례가 있어 예수의 어머니도 거기 계시고
예수와 그 제자들도 혼례에 청함을 받았더니 포도주가 떨어진지라 예수
의 어머니가 예수에게 이르되 저들에게 포도주가 없다 하니 예수께서 이
르시되 여자여 나와 무슨 상관이 있나이까 내 때가 아직 이르지 아니하였
나이다 그의 어머니가 하인들에게 이르되 너희에게 무슨 말씀을 하시든
지 그대로 하라 하니라 거기에 유대인의 정결 예식을 따라 두세 통 드는
돌 항아리 여섯이 놓였는지라 예수께서 그들에게 이르시되 항아리에 물
을 채우라 하신즉 아귀까지 채우니 이제는 떠서 연회장에게 갖다 주라 하
시매 갖다 주었더니 연회장은 물로 된 포도주를 맛보고도 어디서 났는지
알지 못하되 물 떠온 하인들은 알더라 (요 2:1-9)

요한복음에는 예수님이 일으키신 일곱 가지 기적이 기록되어 있습니
다.[14] 예수님과 함께 살기 원하는 사람은 그것에 주목할 필요가 있습니

---

14) 가나안 혼인 잔치에서 물을 포도주로 변화시키심(요 2:1-11), 죽어가는 고관의 아들을 살리심(요
4:46-54), 베데스다 연못에서 38년 된 병자를 고치심(요 5:1-15), 오병이어의 기적으로 오천 명을 먹
이심(요 6:1-14), 갈릴리 바다의 폭풍을 잠재우심(요 6:16-21), 나면서부터 소경인 사람을 고치심(요
9:1-7), 죽었던 나사로를 살리심(요 11:17-44)

다. 그 이야기들에는 변화의 비밀이 들어 있기 때문입니다. 그것들은 세상 사는 우리의 현실을 돌파해내는 영혼의 현실에 관한 것입니다.

이런 변화를 이끌어낸 세상의 물건은 물 빵 포도주 등입니다. 베데스다 연못에서도 치유가 일어났습니다. 갈릴리 바다에서 예수님은 파도를 잠잠케 하셨습니다. 광야에선 양식을, 결혼식장에선 포도주를 주셨습니다. 아들의 생명이 위태로워 근심하는 아버지에게는 "네 아들이 살았다"고 말씀하시며 그를 일으켜 주셨습니다. "나는 부활이요 생명이라" 하신 예수님은 죽었던 자신의 친구 나사로의 무덤까지 찾아가 그를 살려내셨습니다.

자신을 압도하는 어떤 힘 앞에 절규할 때 구약시대 사람들은 물을 떠올렸습니다. 물이 자기 영혼을 덮쳤다고 했습니다.(시 69:1; 124:4-5) 물은 그의 고난과 죽음의 위험을 상징하는 도구였습니다. 포도주는 충만한 것과 축제를 나타내는 물건이었습니다.

예수님은 "항아리에 물을 채우라"고 말씀하셨습니다. 그리고 그들이 순종하여 수고스럽게 거기다 물을 채우자 변화가 일어났습니다. 죽음의 물이 축제의 포도주로 바뀐 것입니다. 순종하고 따르는 바로 그곳에서, 믿는 그 자리에서 하나님 영광이 나타났습니다. 너무 낯선 일인지라 깜짝 놀라며 서로 얼굴만 쳐다볼 일이 생겨났습니다. 예수님의 길과 사역은 늘 이랬습니다.

또 있습니다. 존재의 변화가 일어나는 바로 그곳에서 믿음은 항아리로 표현되었습니다. 결혼식을 하면서 포도주조차 충분히 준비하지 못했던 가난한 사람은 이 세상에서 하나님 영광을 보았습니다. 결혼식이 그

매개체였습니다. 그 영광은 하늘 저 높은 곳에서가 아니라 사람들이 기
뻐하고 즐거워하는 잔치 바로 이 세상에서 드러났습니다.

:: ::

하나님,
주님께 찬양을 드립니다.
주님께 간구합니다.
주님께서 이루시는 기적을 찬양합니다.

주님께서 우리를 영접해주시는
그 즐거운 날, 우리는 기뻐합니다.

우리에게 주신 양식
그 넘치는 주님 사랑에 감사드립니다.
마실 것을 주시는 주님께 감사드립니다,
이것들은 축제의 상징이자 도구입니다.

우리 주위에 즐거운 것과 좋은 것들이 있게 하신
큰 사랑에 감사드립니다.

오늘 여기에 이르기까지
인도해 주신 은혜에 감사드립니다.

우리가 지금까지 이루어놓은 것들에 감사를 드립니다.

이것들 모두가 주님 덕분입니다.

주님은 우리 인생의 마지막 순간까지 이끌어주실 것입니다.

우리 수고가 모두 다 끝난 후에는

주님이 마련하신 잔치를 영원히 즐길 것입니다.

:: ::

하시딤 랍비의 말.

우리는 어떻게 역사 이야기를 할 수 있을까요? 그것을 통해서 어떻게 자기 자신을 도울 수 있을까요?

"내 할아버지는 본디 앉은뱅이였다. 어떤 사람이 그에게 자기 스승에 대해 말해달라고 하였다. 그가 말했다. 위대한 스승 바알셈은 기도를 할 때 뛰기도 하고 춤을 추기도 했다며. 갑자기 할아버지는 일어서서 이야기를 계속했다. 마치 자기 스승이 그러하였듯이 그 자신도 뛰면서 춤추면서 말해야 할 만큼 분위기가 고조되었다. 그때부터 그는 자기가 앉은뱅이인 것을 까마득히 잊었다. 그때 그 다리가 다 나았다. 이왕이면 이야기를 이렇게 해야 한다!"

– 하시딤의 말씀(Chassidische Legende)[15]

15) in: Wladimir Lindenberg, Die Menschheit betet-Praktiken der Meditation in der Welt, München: Ernst Reinhardt Verlag, 1956.

무덤은 끝이 아니다

1 어떤 병자가 있으니 이는 마리아와 그 자매 마르다의 마을 베다니에 사는 나사로라 … 5 예수께서 본래 마르다와 그 동생과 나사로를 사랑하시더니 6 나사로가 병들었다 함을 들으시고 그 계시던 곳에 이틀을 더 유하시고… 11…이르시되 우리 친구 나사로가 잠들었도다 그러나 내가 깨우러 가노라 12 제자들이 이르되 주여 잠들었으면 낫겠나이다 하더라 13 예수는 그의 죽음을 가리켜 말씀하신 것이나 그들은 잠들어 쉬는 것을 가리켜 말씀하심인 줄 생각하는지라 … 17 예수께서 와서 보시니 나사로가 무덤에 있은 지 이미 나흘이라 … 21 마르다가 예수께 여짜오되 주께서 여기 계셨더라면 내 오라버니가 죽지 아니하였겠나이다 …23 예수께서 이르시되 네 오라비가 다시 살아나리라 24 마르다가 이르되 마지막 날 부활 때에는 다시 살아날 줄을 내가 아나이다 25 예수께서 이르시되 나는 부활이요 생명이니 나를 믿는 자는 죽어도 살겠고 26 무릇 살아서 나를 믿는 자는 영원히 죽지 아니하리니 이것을 네가 믿느냐… 38… 예수께서 … 무덤에 가시니 무덤이 굴이라 돌로 막았거늘 … 43 (예수께서) … 큰 소리로 나사로야 나오라 부르시니 44 죽은 자가 수족을 베로 동인 채로 나오는데 그 얼굴은 수건에 싸였더라 예수께서 이르시되 풀어 놓아 다니게 하라 하시니라 (요 11장)

예수님과 함께 활동하고자 하는 자, 그리고 자신의 미래를 불안하게 바라보는 자는 예수님의 이 말씀을 언제나 입에 달고 살아야 합니다. "나는 생명이다. 나는 부활이다." 아침에 깨어날 때 또는 맥이 빠지는 순간마다 이 말씀을 읊조려야 합니다.

이것은 죽음에 직면해 있는 사람들을 구해내는 말씀입니다. 그 중에는 살아내려는 의지를 잃은 사람들이 많이 있습니다. 그들은 스스로 목숨을 끊으려 합니다. 자기 자신을 지금보다 더 많이 잃고 싶지 않다는 뜻입니다. 또는 지금의 절망상태에서 빠져나올 수 없으리라 믿기 때문입니다. 또는 지금 자신을 옥죄는 이 세상의 강요를 견뎌낼 수 없다고 생각합니다. 그들 마음에서 그들 자신의 미래는 이미 죽었습니다.

부활절 새벽 세 여인이 예수님 묻히신 곳으로 가면서 서로에게 물었습니다. "누가 우리를 위하여 무덤 문에서 돌을 굴려 주리요"(막 16:3) 사람들은 죽음이란 결코 되돌릴 수 없는 사건이라 여겼습니다. 무덤과 그 앞에 가로막힌 큰 돌이 그것을 잘 말해줍니다.

그런데 그들이 생각했던 것처럼 무덤이 곧 끝은 아니었습니다. 거기서 변화가 일어났습니다. 그들은 이런 한 마디 말을 들었습니다. "그는 살아났다." 그 무덤은 갑자기 모든 것을 향해 개방된 장소가 되었습니다. 이로써 그들은 그들이 알고 있던 것과 전혀 다른 새로운 현실을 내다볼 수 있었습니다.

영원하신 그리스도여,

주님 손안에서 이 세상은 얼마든지 변화될 수 있습니다.

주님은 말씀하셨습니다. "나는 부활이요 생명이다."

그러므로 그 어떤 것이든 우리 눈앞에서 변화될 수 있습니다.

주님은

우리의 지구촌, 미움의 경연장을

주님의 나라로 만드시고

주님 뜻이 이루어지는 현장으로 만드셨습니다.

인간 안에 있는 그들 자신의 어리석음과 가난에서조차도

마치 주님께서 변화산성에서 변모하셨듯이

우리는 주님의 피조물이 거룩하게 변하는 것을 봅니다.

순식간에 지나가 버리던 우리의 기쁨은

주님 안에서야 비로소 영원한 즐거움이 되었습니다.

한 순간에 바람처럼 지나가 버리던 행복도

주님 안에서야

비로소 영원한 충만함과 자유의 상징이 되었습니다.

죽음은 우리의 구원자가 아닙니다.

왜냐하면 그것은 모든 것을 끝장내기 때문입니다.

우리 구원자는 주님입니다.

모든 것이 끝난 듯한 바로 그곳에서도
주님만은 새로운 시작을 만들어내십니다.

주님으로부터,
그리스도여,
죽음이 지배하는 곳에서도 생명을 얻습니다.
모든 것이 끝장난 그곳에서도
생명의 충만함을 일구어냅니다.

주님 안에서 생명은 죽음과 투쟁합니다.
우리는 주님 것이기에
죽음이 있는 곳에서도 우리를 통해 생명이 지켜집니다.

우리에게 말씀하소서. "나사로야 나오너라"
이 세상은 우리의 무덤입니다.
우리의 자아가 우리의 무덤입니다.
우리더러 살라고, 주님 말씀해 주소서.

:: ::

그리스도 안에서 땅이 다시 살아났습니다.
그분 안에서 하늘이 다시 살아났습니다.
그분 안에서 세상이 다시 살아났습니다.

- 암브로시우스

혼신의 힘을 다하다

인간이 되신 그리스도여,
우리 사명은 주님으로부터 생겨납니다.
주님은 우리를 선택하셨습니다.
어둠이 있는 곳으로,
죽음의 그림자가 어른거리는 곳으로
주님은 우리를 보내셨습니다.

우리는 절름거리거나 신음하지 않을 것입니다.
상한 갈대라고 해서 우리는 그것을 부수어버리지 않습니다.
꺼져가는 등불도 꺼버리지 않습니다.
그보다는 주님의 따스하게 보호하시는 말씀을 전해줍니다.

사람들이 지르는 비명소리를
제대로 들을 수 있는 관점을 우리에게 주소서.
그들 안에 있는 주님의 영의 탄식을 듣게 해주소서.
우리가 행하는 모든 것을 위하여
주님의 사랑을 우리에게 허락하소서.

주님의 이름으로 그것을 할 수 있게 우리를 겸손하게 만드소서.

우리 앞에 계신 주님을 봅니다.
주님 가신 십자가의 길에 우리도 동행합니다.
우리는 주님 곁에 가까이 살고자 합니다.
주님을 응시하고 싶습니다,
우리가 행하는 것들을 제대로 하기 위하여.
주님과 함께, 주님 곁에서
주님이 이루시는 행복에 함께 있음을 깊이 감사드립니다.

우리는 성공을 위해서가 아니라 복을 위해 기도드립니다.
우리 수고에서 벗어나게 해달라고가 아니라
어둠의 세력 앞에서 우리를 지켜달라고
주님께 기도드립니다.

주님이 주신 사명이라면, 그리스도여,
모두 다 이루어지기를 원합니다.
주님의 성령을 통하여
혼란스러운 이 세상이 제대로 굴러 가기를 소망합니다.

나의 해방은 이것이다.

주님께서 원하시는 모습대로
내가 존재하는 것.
내게 해방이 주어졌을 때
주님께서 하시는 영적인 활동의 한 자리에
내가 존재하는 것.

chapter

2

주님이
원하시는 것을
하기 위한
기도

제한과 자유,
그 경계선에 서다

구약성경 시대 예배드리러 모일 때 그리고 성전에 발을 들여놓을 때,
사람들은 시편으로 노래를 불렀습니다. 그 가운데 하나입니다.

"감사함으로 그의 문에 들어가며 찬송함으로 그의 궁정에 들어가서 그에
게 감사하며 그의 이름을 송축할지어다"(시 100 :4)

그 문은 단단한 돌로 만들어져 있었습니다. 그것은 단순한 건축물이
아닙니다. 그것은 건축 구조물의 차원을 넘어서는 일종의 비유입니다.

이 시편을 읊조리는 사람들은 성채의 문을 통과한 뒤 성 안 광장에
들어섰던 때를 기억할 것입니다. 성문 안쪽 광장에서 작고 좁은 길을 지
나가면 교회당이 있습니다. 그곳은 성채의 구조물들과 구별됩니다. 그
것은 비교적 높고 한적한 장소에 있습니다.

그리로 가는 길가에는 여러 가지 모양의 십자가들이 밀집돼 있습니
다. 그것들은 매우 독특한 모양과 형식으로 되어 있습니다. 각기 다른
특징을 지니고 있습니다. 사람들은 그 길에서 왼편으로도 오른편으로도
꺾을 수 없습니다. 왜냐하면 그 길이 아주 좁고 긴데다가 양쪽엔 성벽이

있기 때문입니다. 교회로 향하는 길에는 성채 안의 자유로움과는 다른 차원의 자유가 있습니다.

사람들은 성문을 드나들 때마다 무엇인가를 눈여겨보며 지나갑니다. 문지방, 문설주, 문의 상인방 또는 문의 양식 등에 관심을 갖습니다. 그것을 통과하면서 사람들은 자신의 행보에 주어져 있는 자유와 부자유의 범위를 깨닫습니다. 그 문은 안과 밖의 경계선입니다. 낯선 것과 친숙한 것, 자유로움과 정해진 규율의 구별입니다. 이 경계를 허물어뜨리는 것은 바람직하지 않습니다.

구약성경 시대 사람들에게 성전의 그 문은 낯선 이로 존재함과 하나님 가까이 있음 사이, 그리고 고독과 은총 사이의 경계선이었습니다. 중세기 건축가들은 교회를 견고한 성벽으로 둘러쌓습니다. 문 위에 높은 탑을 세웠습니다. 그 문의 대들보 위를 최후의 심판을 생각나게 하는 그림들로 채웠습니다. 그 문이 그런 경계선이라는 것과 그 내용을 충분히 이해하거나 실천하기 이전에라도 사람들은 그 문을 지나야만 목적지에 도달할 수 있었습니다.

문 안에서 두 가지 서로 구별되는 힘이 만납니다. 성벽과 길입니다. 제한과 자유입니다. 만일 우리가 "나의 뜻이 아니라 주님의 뜻이 이루어지이다"라고 말한다면 반드시 이에 대한 분수령을 알아야 합니다. 그가 벽을 넘어서려는 마음으로 길을 나섰다면 그 길에 순종하여 곧 자유를 향해 가는 발걸음을 내딛어야만 합니다.

:: ::

하나님,
나는 주님 뜻대로 행하고 싶습니다.

오늘 하루 동안에도 나는
수없이 문을 지나면서
나의 길을 걸었습니다.
힘겹고 공허하던 대낮을 지나
조용한 밤에 이르렀습니다.
평온하지 못한 밤을 지나
찬란한 낮을 맞이했습니다.
저녁과 아침은 문입니다.
그것을 통해 주님은 나를 인도하십니다.

나는 나의 길을 갑니다.
그 길에서 사람들과 만납니다.
나는 그들의 운명과 그들의 소망
그들의 고난과 그들의 정성을 봅니다.
내가 그들과 그들의 현실을 만날 때
주님,
나를 인도하소서
나는 그들 얼굴에서 주님을 발견하고자 합니다.

하나님!

내가 걷는 수많은 길에서

주님을 찾습니다.

주님께서 문을 열어주시지 않는다면

제아무리 이리저리 둘러보더라도

주님을 찾지 못합니다.

주님이 곧 문입니다.

나는 그 문을 통과하여 주님을 찾아뵈렵니다.

나는 나 자신을 찾습니다.

그런데도 나는

나에게로 가는 길을 찾을 수 없습니다.

나는 나 자신을 그릇된 길로 끌고 가곤 합니다.

이에 주님께 간구합니다.

오류의 정원을 거니는

내 영혼을 인도해 주소서.

내게 문을 보여 주소서.

나를 통과해서 주님을 보게 허락하소서.

내가 내 곁에 살게 하지 마시고

주님 곁에 살게 하소서.

하나님!

주님도 원하실 것입니다, 내가 길을 찾기를.

주님도 원하실 것입니다, 내가 행복하기를.

그리고 인생의 목적을 이루기를.

하나님!

나는 주님 뜻대로 행하고 싶습니다.

나는 나를 사랑한다

나는 기억합니다. 나는 지나온 한 해의 과정들을 길게 그리고 간단하게 되돌아봅니다. 그리고 묻습니다. 이것은 내 인생에 어떤 가치가 있을까? 이렇게 묻는 일은 참 좋고도 유익합니다.

만일 나의 물음이 '나는 이로써 가치 있는 존재인 것을 반드시 증명해야한다'는 강박에 사로잡힌다면, 그 자체만으로도 이미 위험합니다. 왜냐하면 이 두 번째 물음은 다음과 같은 뜻이기 때문입니다.

"실제로 나는 나 자신을 되돌아보는 대신에 겉으로 보이는 나에게 더 집중합니다. 나는 회전목마에 올라타기를 좋아합니다. 이로써 나 자신에게 집중합니다. 그리고 이것을 타고 오래 돌다 보면 내가 누구인지 스스로 혼란스러워집니다."

자기 조절은 참 좋은 것입니다. 이는 내가 가기로 선택한 길뿐만 아니라 내가 이루지 못한 것과 내 노력의 결과로 남는 것들에 빛을 비추어줍니다. 그러나 눈에 보이는 우리의 노력들은 자기 자신에 대한 실망감을 무성하게 만듭니다. 거기에는 속임수들이 슬며시 끼어듭니다.

무엇이 그 가운데 남습니까? 예, 남는 것이 있습니다. 내가 사람들을 위해서 무엇인가 하려 했다는 뜻인가요? 이 물음에 예라고 한다면 그것 자체로 이미 의미가 있습니다. 물론 그 의미는 인간이 스스로 찾아내려

할 뿐 저절로 드러나지는 않습니다.

노인들이 자신의 과거 생활에서 무엇인가 자기 업적을 뒤적이며 찾아내는 모습은 추합니다. 자기 자신이 이루어 놓은 것처럼 보이는 그것을 붙잡고 자기 위안을 삼으려는 모습도 추합니다. 이런 것이 추한 이유가 따로 있습니다. 그것은 자신이 지닌 불안과 불안정을 그런 희미한 것과 자기 기만으로 접근하려는 것입니다.

어떤 사람이 말하였습니다. "네 길을 사랑하라. 왜냐하면 그것은 인생의 길이며, 그것을 이해하지 못하는 사람에게만 저주가 될 뿐이기 때문이다." 무슨 일이든 일어나는 그 모습 그대로 받아들이십시오. 그리고 당신 자신을 스스로 속이지 마십시오. 왜냐하면 자신의 운명에 관한 그 긍정을 통해서 느긋함이 자라나기 때문입니다.

이런 태도는 사람이 자기 생애를 되돌아볼 때 반드시 필요합니다. 이 긍정으로부터 신뢰가 자라납니다. 하나님은 내가 나 자신에 대해서 생각하는 것과는 다른 기준으로 나의 '가치'를 보십니다. 내가 중요하게 여기는 것과는 다른 잣대로 하나님은 나의 행복과 나의 능력을 보십니다. 만일 사람이 아무것도 감추지 않고 자기 자신의 인생을 사랑하는 마음으로 되돌아본다면 하나님과 그 사람 사이에 뜻이 하나로 합쳐집니다.

:: ::

나의 아버지
내 지난날들을 되돌아보며
나는 주님과 소통합니다.

내가 세례를 받았을 때

주님께서 세우신 뜻이 이루어지이다.

주님, 나는 나의 것이 아닙니다.

나는 주님의 것입니다.

나는 주님의 뜻에 예라고 대답합니다.

주님께서 나를 인도하셨던

그 주목할 만한 길들에

주님의 뜻이 이루어지이다.

아직도 해명되지 못할 아주 특이한 일에서도

주님의 뜻이 이루어지이다.

나는 주님의 뜻에 예라고 대답합니다.

내가 기뻐하며 맞이하는

행복한 날들에

만족과 기쁨을 얻는 그 날들에

주님의 뜻이 이루어지이다.

모든 행운 안에는 위험한 것도 숨어 있습니다.

나는 주님의 뜻에 예라고 대답합니다.

내 인생의 어두운 날들에

주님의 뜻이 이루어지이다.

위기와 두려운 날들에
주님의 뜻이 이루어지이다.
나는 주님의 뜻에 예라고 대답합니다.
내가 멸망하지 않은 것에 주님께 감사드립니다.
내가 잘못한 것만큼의 대가를 치르지 않은 것에도
주님께 감사드립니다.
내가 나 자신과 하나 되려하다가 무너지지 않고
주님과 하나될 수 있음에 주님께 감사드립니다.

내가 연약할 때마다
주님의 뜻은 나의 힘입니다.
주님의 힘을 받아들이며 나는 주님을 신뢰합니다.
주님의 뜻은 나를 계속 인도하시는 데 있습니다.
내가 죽는 날까지 그리고 그 이후에도.
주님의 뜻이 이루어지이다.
그리고 나의 의지를 통해서도
그것이 이루어지기를 기도드립니다.

작은 것에 감사드리는
마음이 귀하다

감사는 작은 것에서부터 시작됩니다. 처음에는 하나님을 향하기보다는 사람을 향한 감사가 먼저 시작됩니다. 감사는 사람이 누군가를 존중하는 곳에서, 그리고 그를 향해 서는 곳에서 이루어집니다. 그에게서 유형무형의 무엇인가를 받아들이면서 감사하는 마음이 생깁니다. 유대인 격언입니다. "네가 마셨던 샘물 안으로 돌을 던지지 말아라."

하나님께 감사드린다는 말이 무슨 뜻인지를 이해하려면 오늘날 사람들은 많은 노력을 기울여야 합니다. 거기에 말 몇 마디로 표현될 수 있는 것 이상의 그 무엇인가가 들어 있을까요?

누군가에게 감사하다고 말할 때에는 아프리카 사람들은 그가 무엇을 했는지를 구체적으로 표현합니다. 바수토는 "당신은 그것을 아주 잘 해내셨습니다."라고 말합니다. 헤레로는 "당신이 한 그것은 내게 꼭 필요한 것이었습니다."라고 합니다. 줄루는 "당신은 내게 아주 좋은 젖소와 같습니다."라고 합니다.

이렇게 말하는 것은 그 사람이 다른 곳에서도 그렇게 할 필요가 생긴다면 또 그리할 것이라고 신뢰하는 것입니다. 서로 서로 감사하다고 말하는 사람들 사이에서, 어떤 사람의 생각이 다른 사람의 그것과 하나가 되어가는 과정에서, 어떤 사람의 의지와 다른 사람의 의지가 존중되는 곳에서 인생에는 신뢰가 쌓여갑니다.

:: ::

하시딤인 랍비 미샤엘은 아주 가난하게 살았다. 그런데도 즐거움은 한시도 그를 떠나지 않았다. 어떤 사람이 그에게 "매일 어떤 기도를 드리냐"고 물었다. 그는 "복을 내리소서, 내가 필요로 하는 모든 것들을 허락하소서."라고 대답했다.

그는 분명히 자기에게 필요한 모든 것이 다 주어져 있지 않다는 것을 알고 있었다. "확실한 것은 내가 필요로 하는 바로 그것이 가난이다. 그리고 그것이 내게 주어졌다."라고 말했다.

– 랍비 미샤엘(Rabbi Michael)[1]

:: ::

일상생활에서 쉽게 잊어지는 것이 있다. 곧 인간은 끊임없이 자기에게 주어진 것보다 더 많은 것을 받고자 한다는 점이다. 그리고 자기가 부자가 되고나서야 비로소 감사할 수 있다고 여기는 것이다.

사람은 쉽게 남이 차려놓은 밥상에 숟가락 하나만 더 얹어 놓고도 자기의 영향력이나 활동을 과대평가하면서 자기가 중요하다는 것을 과시하곤 한다.

---

1) in: Wladimir Lindenberg, Die Menschheit betet-Praktiken der Meditation in der Welt, München: Ernst Reinhardt Verlag, 1956.

기도를 어떻게 드릴까요?

– 디트리히 본회퍼[2]

:: ::

영원하신 하나님,

모든 것이 주님으로부터 왔습니다.

보호와 위기, 빛과 어둠.

이것을 알게 하신 주님께 감사드립니다.

저절로 일어나는 일은 이 세상에 없습니다.

낮이 되는 것에도

밤이 와서 하루가 끝나는 것에도 감사드립니다.

낮이 되고 밤이 되는 것은 물론

어느 것 하나 저절로 되지 않습니다.

내가 이 세상에 존재하기 전에

수백만 년이 흘렀습니다.

나 이후로도 수백만 년이 흘러갈 것입니다.

그 가운데 어느 시점에 여름이 오고

지구촌에는 그 시기 어느 때인가

나를 위한 날이 있을 것입니다.

---

2) in: Dietrich Bonhoeffer, Brief an Karl und Paula Bonhoeffer, 13. Sep. 1943. in: Werke Bd. 8, 157-8. Martin Kuske Ilse Tödt[Hg.], Gütersloh: Kaiser Verlag, 1989.

시간이 이렇게 확장되는 것에 감사드립니다.
내가 그런 것을 즐기는 것은
내 덕분이 아닙니다.

이 세상에서 일어나는 모든 일은
나에게 주시는 일종의 선물입니다.
내가 깨닫는 진리도 나에게 주시는 선물입니다.
내가 주고받는 모든 사랑도
나에게 채워지는 모든 생명력도 다 선물입니다.

내게 떠오르는 모든 생각은 주님의 것입니다.
주님으로부터가 아니라면
도대체 어디로부터 그것이 오는 것일까요?

내게 주어진 모든 것도 다 주님의 혜택입니다.
주님으로부터가 아니라면
도대체 누구로부터 내게 할당될까요?

나를 힘들게 하는 모든 것도 다 주님의 혜택입니다.
그로 인하여 주님께 감사드립니다.
주님이 아니라면 도대체 누가
내게 그런 일을 안겨주겠습니까?

내게 있는 것과 가진 것 다 주님의 표적입니다.

그 모든 것 안에서 나는 주님을 바라봅니다.

하나님,

내게 주님의 뜻을 보게 하시니 감사드립니다.

온 마음 다 바쳐 주님께 감사드립니다.

하나님이 나를 붙드시다

이리저리 끌려다니거나 또는 이것이나 저것에게 지배당할 때 나는
나 자신을 생각해 봅니다. 그런 것들이 내 마음을 매우 아프게 합니다.
이럴 때에는 마음에 푸른 가지가 돋아나지 않습니다.

하나님께서 이리저리 흔들리는 것을 끝나게 하시고 나 자신을 이끌어 가
시려는 것을 나는 생각합니다.

- 마티아스 클라디우스[3]

:: ::

오 주여, 선하신 아버지시여,
나는 주님의 것이며 주님을 갈망합니다.
주님 자신을 원하며 나는 주님을 찾습니다.
주님께서 원하시는 만큼
내게 주셨으며
그것이 나에게는 아주 좋습니다.

---

3) in: Mathias Claudius, Das beste Gebet, Berlin-Steglitz, christlicher Zeitschriften Verlag, 1946

주님이 원하시는 대로 나로부터 무엇인가를 만드십니다.

주님께는 내게 이렇게 하실 권한과 권위가 있습니다.

하나님은 나의 주인이십니다.

나는 가난하며 주님께 무익한 종입니다.

주님께는 나를 압도하는 권한과 권위가 있습니다.

나에게는 주님께 대해 그런 것이 없습니다.

그러므로 나는 끊임없이 주님을 생각합니다.

그리고 내 마음은 주님의 선하심을 늘 묵상합니다.

나는 있을 수도 없을 수도 없습니다.

살 수도 죽을 수도 없습니다.

알 수도 모를 수도 없습니다.

가질 수도 못 가질 수도 없습니다.

내게 얼마만큼을 주실지는 오직 주님의 뜻입니다.

이에 나는 날마다 주님을 바라봅니다.

그리고 늘 주님을 사랑합니다.

- 카스파르 쉬벵크펠트(Kaspar Schwenckfeld)

:: ::

당신이 이미 글로 썼듯이 우리를 삼켜버릴 듯하는 근심 걱정을 나는 마음
으로 싫어합니다. 그것이 당신의 마음을 크게 좌우합니다. 이는 그 위협
의 크기가 아니라 우리 불신앙의 크기에서 연유합니다.

:: ::

참으로 선하신 하나님,
내 몸과 내 영혼은 주님 손안에 놓여 있습니다.
나는 내 인생을 스스로 계획할 수도
만들어 나갈 수도, 앞날을 내다볼 수도 없습니다.
그렇더라도 주님의 인도하심을 받아들이게 하시니
참 감사합니다.

내 지난날을 돌아보니
나를 향한 주님의 계획이 얼마나 놀라운지요!
내 운명의 반전들이 놀랍고
비록 굴곡은 있더라도
바르게 쭉 뻗은 것이 놀랍습니다.

주님은 나를 붙드셨습니다.
어떤 일이 일어날 수밖에 없게 만드셨습니다.
주님은 때때로
나의 일과 계획을 포기하게 만드셨습니다.
한참이 지난 다음에서야 나는
그것이 내게 좋은 것이었음을 깨달았습니다.

하나님,

나는 압니다,

내 고난의 자리를 주님이 비껴가지 않으신다는 것을.

그리고 나로 하여금

그것을 회피하지 않게 만드신다는 것도.

비록 내가 어둡고 캄캄한 골짜기를 지난다 하더라도

그리고 주님 손길을 찾지 못했다 하더라도

나는 두렵지 않습니다.

왜냐하면 주님이 나와 함께 계시기 때문입니다.

나는 주님을 신뢰합니다, 사랑하는 하나님,

비록 내가 주님을 이해하지 못할 때에라도.

나 자신을 주님께 내어맡깁니다.

주님께서 하시고자 하는 것을 나에게 하소서.

주님 손에 나는 내려놓습니다,

그리고 한 가지 한 가지를 배우면서

이런 것 밖에는 다른 아무것도 할 수 없더라도

주님께 감사드립니다.

주님 뜻이 내게서 이루어지는 것,

이것이 나의 유일한 소원입니다.

내 소망을 주님께 두다

나는 주님을 믿습니다, 주님.

그 믿음을 굳건히 해주소서.

나는 주님께 소망을 둡니다.

그 소망을 견고하게 하소서.

나는 주님을 사랑합니다.

내 사랑이 불타오르게 하소서.

나는 후회합니다.

그 후회가 더욱 진지해지게 하소서.

주님을 생각하는

나의 그 생각을 주님께 바칩니다.

주님에 관해 말하는

나의 그 말을 주님께 드립니다.

주님을 향하는 나의 행위들을 주님께 바칩니다.

나의 고난을 주님께 바칩니다.

그 고난을 주님께로 향하는 사랑으로 견뎌내게 하소서.

주님께서 원하시는 것을 나도 원하렵니다.

주님께서 원하시는 그만큼…

주님께서 원하시는 그만큼… 아멘.

– 클레멘스

:: ::

고통스러운 바로 그 한 가운데에서 하나님께서 사랑으로 품어주실 것을 확
신하는 것보다 나를 더 위로 하고 더 강하게 할 것은 아무것도 없습니다.

– 잔 깔뱅

:: ::

어두운 밤에

주님께로 오는 것을 주님은 좋아하십니다.

그러므로 밤도 두렵지 않습니다.

– 하인리히 융–쉬틸링(Heinrich Jung-Stilling)

:: ::

솜털 이불을 덮고 하나님 나라에 이르리라 기대하지 말아야 합니다. 우리
주님은 그런 모습으로 그리 가시지 않으셨습니다. 그분은 커다란 아픔과
번뇌를 안고 주어진 길을 걸어가셨습니다. 그분의 종인 우리는 우리의 주
인보다 더 좋은 것을 가지리라 기대하지 말아야 합니다.

- 토마스 모러스(Thomas Morus)[4]

:: ::

나의 아버지시여,

나를 주님께 내어맡깁니다.

주님께서 나와 함께 이루고자 하는

그것에 감사를 드립니다.

그것이 무엇이든

나는 받아들일 각오가 되어 있습니다.

오직 주님 뜻만이 내게 온전히 채워지고

모든 피조물에게 이루어질 때에야

비로소 나의 동경은 그칠 것입니다,

나의 하나님.

주님 손안에 내 영혼을 내어 맡깁니다.

나의 마음과 뜻을 다하여,

그것을 주님께 바칩니다, 나의 하나님.

내가 주님을 사랑하기 때문에 그렇습니다.

그리고 주님을 향한 나의 사랑이

나 자신을 주님께 내어놓고

4) in: william Ropper, The Mirrour of Vertue in wordly Greatness. Or, The Life od Sir Thomas More Knight, London: Alexander Moring/ The De La More Press, 1903.

나 자신을 주님 손에 내려놓게 만들기 때문입니다.

주님을 향한 끊임없는 신뢰밖에는

다른 아무것도 없습니다.

이는 주님이 내 아버지시기 때문입니다.

– 샤를 드 푸콜(Charles de Foucauld)[5]

:: ::

오 하나님,

나의 전부를 주님 손안에 내려놓습니다.

주님께서 원하시는 것을 나에게 이루소서.

주님은 주님 자신을 위해 나를 창조하셨습니다.

주님께서 원하시는 그 무엇을 내가 하오리까?

주님 자신의 길을 가시되 나와 함께 가소서.

기쁘든지 고통스럽든지 항상 그리하소서.

나는 그것을 원합니다.

주님으로부터 나를 멀어지게 만드는

나의 소원들,

나의 즐거움들,

나의 연약함들,

나의 계획들,

---

5) nach: www.charlesdefoucould.org/de/priere.php.

나의 성향들을
나는 제물로 바치렵니다.
마침내 나 자신을 주님께로 내어 던지렵니다.

주님께서 나를 가지고자 하시는 그대로
나는 존재하렵니다.
주님께서 내게 하시고자 하는 그대로
나는 하렵니다.
"주님께서 가시는 곳을 나도 따라 가렵니다"라고
말하지 않겠습니다.
이는 내가 연약하기 때문입니다.
그러나 주님이 어디로 이끄시든지
나는 나 자신을 주님께 바치렵니다.
다만 내가 주님을 따를 수 있게
내 사는 날 동안 내게 힘을 주소서.

– 존 헨리 뉴먼(John Henry Newman)[6]

:: ::

주님께서 나를 걱정해주십니다.
하나님, 내가 스스로 하는 걱정이 무슨 소용이 있습니까?

---

6) in: John Henry Newman: Parocial and plain sermons, New edition, Vol. V., London: Rivingtons, 1870.

목동을 필요로 하는 동물과 같이
나에게는 주님의 도움이 필요합니다,
나의 아버지시여.

기름진 곳에 내 풀밭이 있습니다.
주님께서 나를 인도하시는 곳마다
신선한 물이 나를 상쾌하게 합니다.
주님은 인생을 충만함과 활력으로 채우십니다.
주님께서 친히 함께하시며 인도하시기에
나는 길을 잘못들 염려가 전혀 없습니다.
비록 죽음의 어두운 골짜기를 지나더라도
나는 편안히 걸어갑니다.

빛이 사라지더라도
내가 고독하고 쓸쓸하더라도
내 앞에 닥칠 일로 인해 마음 졸이더라도
주님께 죄를 지었더라도, 하나님,
주님 손길을 내가 찾지 못할 때에도
나는 혼자가 아닙니다.
진실로 주님은 나와 함께 계십니다.

주님은 내 영혼을 맑게 하십니다.

그리고 잔치옷을 입게 하십니다.

나는 주님께 초대받은 사람입니다.

아니 더 나아가서

나는 주님의 친구요 자녀입니다.

주님은 나를 위해 상을 차려주십니다.

그리고 말씀하십니다. "이리 와 먹어라."

주님은 내 잔을 채워주십니다.

그리고 말씀하십니다. "이 잔을 들고 마셔라."

주님은 복과 평안을 주십니다.

내가 무엇으로 주님께 보답하리이까?

주님께서 내게 주시는 것을

기쁘게 받아들이는 것밖에는

달리 감사를 표할 길이 없습니다.

내가 사는 날 동안에

선함과 친밀하심으로

주님은 나를 둘러 주시고

나에게 지금 그리고 영원히

주님 집에 머물 자격을 주십니다.

- 시편 23편을 따라

:: ::

주님,

주님께 무엇을 간구해야 할지

나는 모릅니다.

내게 무엇이 필요한지 주님만이 아십니다.

내가 아는 나 자신을 사랑하는 법보다도

주님은 더 좋은 방법으로 나를 사랑하십니다.

오 아버지,

무엇부터 구해야 할지

어디서부터 시작해야 할지 모르는 주님 자녀에게

어떻게 기도드려야 할지를 알려 주소서.

나는 억지로 구하지 않으렵니다.

다만 내 마음을 주님 앞에 내려놓겠습니다.

그리고 내 자신을 주님께로 열어놓겠습니다.

내가 스스로 알지 못하는 나의 위기를

주여 보소서.

주님의 선하심으로 나를 보시며 나를 살펴주소서.

상하거나 회복되거나

나는 주님 앞에 꿇어 엎드립니다.

또는 주님을 향해 섭니다.

내가 알지 못하는 모든 것에 관해

주님의 조언을 구합니다.

그리고 침묵하면서

주님께로 제물을 가져 왔습니다.

그 제물은 나 자신입니다.

나를 온전히 주님께 내어놓습니다.

주님께서 원하시는 것을 하고자 하는 것밖에는

다른 어떤 욕망도 내게 없습니다.

- 페넬롱(François Fénélon)[7]

7) in: CEuvres de M. François de Salignac de La Mothe Fénélon, tome septième, Paris: Pierre Didot l'aîné , 1791.

머지않아 알게 되리라,
그것들 또한 지나간 것을

오 하나님,

내 정신을 주님께 바칩니다. 내가 지닌 모든 두려움과 소망이 담겨 있는
마음을 주저없이 주님께 바칩니다. 온 힘을 다해 내 영혼을 주님께 바칩
니다. 내 몸 내 건강 내 힘 내 인생을 주님께 바칩니다. 이 위에 주님의 기
뻐하시는 뜻을 더하소서.

오 하나님,

내 마음은 준비되었습니다. 이미 내 마음은 준비되었습니다. 복을 받아들
일 준비가 되었으며 불행을 견뎌낼 태세를 갖추었습니다. 모든 것을 행하
고 모든 것을 참아낼 준비가 되었습니다. 살아갈 준비가 되었으며 죽음을
받아들일 준비가 되었습니다. 특히 주님께서 지금 그리고 영원히 심판하
실 것을 받아들일 준비가 되었습니다.

- 쟝 크라셋(Jean Crasset)

··· 이렇게 말할 수 있는 사람은 행복합니다. 그러나 우리는 알고 있습
니다, 아무리 경건한 성자라도 기도드리기를 그렇게 과도할 정도로 날
마다 매 순간마다 지속할 수는 없다는 것을. 이는 그가 인간이며 연약하

기 때문이 아닙니다. 그보다는 오히려 그런 사람일지라도 자신의 의지를 꺾으며 살 수밖에 없는 현실에 있기 때문입니다. 자신의 의지를 그렇게 굽히면서 사람은 마치 철자법을 배우듯이 늘 처음부터 다시 시작하곤 합니다.

하나님 뜻에 "예" 하는 것만으로는 누구나 자기 자신의 위기를 극복할 수 없습니다. 그것만으로는 여전히 침울하고 힘겨울 뿐입니다. 자기 자신의 어마어마한 고난과 각종 어두운 생각에는 누구나 다 신경이 곤두서기 마련입니다. 물론 그는 머지않아 알게 될 것입니다, 그것들 또한 지나간 것을. 결국 고난의 목적, 해방과 회복 그리고 모든 의심이 해소되는 경험을 하게 될 것입니다. 그는 그것을 믿습니다. 거대했던 고난이 사소한 일로만 여겨질 것입니다. 믿음으로 사는 사람은 이 세상에서 위대한 경험을 하게 될 것입니다.

:: ::

시련에 시달리고 있을 때에는 이렇게 하여라. 마지막 때에 일어날 일을 상상하며 너 자신을 스스로 위로하지 말라. 그보다는 그것이 계속되고 있는 상황 속에 스스로 뛰어들라. 이로써 너는 장차 벌어질 일에 대비하는 것이다.

– 하인리히 수소(Heinrich Suso)

:: ::

주님, 주님의 뜻을 받아들입니다.

나는 그것에 수긍하렵니다.
나를 도우소서,
나 혼자서는 그리할 수가 없습니다.

나는 둔하고 어리석습니다.
주님에게 드리는 말씀을
어디서부터 시작해야 할지도 잘 모릅니다.

주님께서 내 목소리를 들으시는 줄 알고 있습니다.
그런데도 어리석은 자는
주님께 말씀드려야 하는 이유조차도 잘 모릅니다.

주님께서 내 길을 인도하시는 것을 나는 압니다.
그런데도 이 둔해 빠진 자는
어느 것이 내가 갈 길인지조차 잘 모릅니다.

나는 압니다,
주님께서 내 운명을 열어나갈 수 있게 하셨음을.
그런데도 그 은혜를 받아들일 준비조차 하지 못했습니다.

난 압니다,
주님께서 제 영혼을 고양시키시고 인도하시는 것을.

그런데도 내가 만들어낸 생각의 짐에 눌려
스스로 침체되곤 합니다.

나는 압니다,
주님의 뜻과 내 의지를 일치시켜 나갈 수 있음을.
그런데도 불안해서 발걸음을 내딛지 못하고 있습니다.

주님의 뜻은 내가 자유롭게 살기 원하시는 줄 알면서도
나는 마치 지하 감옥에 사는 기분입니다.

주님께서 계획하신 '때'는
내가 생각하는 그때와 다를 수 있음을 알면서도
나는 참고 기다리지 못합니다.

내 속은 텅 비어 있습니다.
나는 전에 했던 말들을 자꾸 되풀이하고 있습니다.
주님께서 내게 거듭 말씀해 주십시오.
내가 듣겠나이다.
나는 주님께서 주신 표적
곧 십자가를 앞에 놓고 있습니다.
이는 내가 두려움에 사로잡힐 때
내게 가장 가까이 있는 분은

주님이라는 사실을 알려줍니다.

난 알고 있습니다,

비록 내가 넘어지더라도

주님은 나를 꼭 붙들어주실 것을.

아닙니다,

주님!

나는 그것을 아는 것이 아니라 믿는 것입니다.

어떤 경우에도 나는 주님을 믿고 싶습니다.

어떤 일을 만나더라도

나를 도와주소서!

여기 잃어버린 자를
찾으러 오신 이가 있다

"인자가 온 것은 잃어버린 자를 찾아 구원하려 함이니라"(눅 19:10) 누가 잃어버린 자입니까? 옷장 밑바닥에 떨어진 일 페니히짜리 동전은 잃어버린 것입니다. 왜냐하면 아무도 거기서 그것을 찾으려 하지 않기 때문입니다. 흐르는 강물 위로 다리 위에서 떨어뜨린 반지는 잃어버린 것입니다. 왜냐하면 그 위로 물이 넘쳐흐르고 모래는 그 위로 쌓여 거기서 그것을 찾는 것은 수고에 비해 별로 이득이 되지 않기 때문입니다.

중요한 것은 이것입니다. 별로 이득이 되지 않는다. 너무나 힘이 든다. 어떤 정신적 병에 걸린 사람이 방안에 갇혀 있으면 하는 생각들을, 일일이 추적하는 노력을 기울일 사람이 있을까요? 아마 없을 것입니다.

그 사람은 '잃어버린' 자입니다. 아무도 그를 찾지 않습니다. 아무도 그와 함께 어떤 일을 도모하지 않습니다. 아무도 그를 필요로 하지 않습니다. 아무도 그에게 왜 사느냐고 묻지 않습니다. 일반적으로 말하자면 친절한 설명이나 필요한 것에 관한 조언도 그에게는 별로 위로가 되지 않습니다. 그 사람은 기피자, 낙인찍힌 자, 정처없는 자 그리고 잊혀진 자입니다..

그리스도는 자신이 이 세상에 온 것은 잃어버린 자를 찾아 구원하시려는 것이라고 말씀하셨습니다. 그분은 그들 곁에 있는 다른 사람들이 관심을 기울이지 않는 사람에게 눈길을 돌리셨습니다. 그리고 그들과 다른 용어로 말씀하셨습니다. 하나님께서 그들의 영적인 손상과 염려를 만지시며 회복시키고자 하신다고 일러주셨습니다. 그들에게도 또한 이 세상을 살아가는 의미가 있다고 하셨습니다.

:: ::

주 예수 그리스도여,

아주 자주 나는 참을성을 잃습니다.

좌절하고

포기하고

두려운 나머지 손쉬운 길만 가려 하며

절망합니다.

그렇지만 주님은 인내심을 잃지 않으십니다.

주님은 온전한 삶을 살아냈으며

또한 나를 구원하시려고 갖은 고난을 다 견뎌내셨습니다.

- 쇠렌 키에르케고르[8]

:: ::

8) in: Sören Kierkegaard, Gesammelte Werke, 21.

그리스도,

나의 목자시여

주님은 나를 찾으셨습니다.

나는 그것을 굳게 유지하고 싶습니다.

그렇지만 나는 나 자신을 자주 잃어버립니다.

참아내는 것이 무슨 소용이 있는지

나는 잘모릅니다.

내 목적도 뜻도

의도 자비도 알지 못합니다.

그것들을 잃는다 해도

나는 잃을 것이 없습니다.

내가 내 자신을 극복하지 못한다면

아무도 나를 도와줄 수 없습니다.

나도 내 자신에게 도움이 되지 못합니다.

내게는 주님을 바라보는 것 말고는

다른 출구가 없습니다.

나는 주님의 손으로 만들어졌습니다.

주님은 나를 만드시며 깊이 고려하셨습니다.

나를 만드시기 전에

이미 주님의 계획이 서 있습니다.

언젠가 나도 주님을 발견할 때가 올 것입니다.
그리고 주님은 나를 주님 눈에 합당하며
온전하게 만드실 것입니다.

주님만은 나를 만드신 목적을 지켜주십니다.
내가 어둠과 상실의 시간을 보낼 때에도
때가 차면
주님은 나를 불러주십니다.

나는 성경에서 배웠습니다:
부활절 이른 아침에
마리아가 무덤 곁에 서서 울고 있었습니다.
날은 밝아오는데도
그녀의 마음은 여전이 캄캄한 밤이었습니다.
그때 주님께서 그녀를 불러주셨습니다:
"마리아야!"

나의 목자시여
내 이름을 불러 주소서.
주님에게 이끌리게 하소서.
그리하여 내가 변화되고
해방받고, 구원받게 하소서.

내가 주님을 발견하게 하소서.

그리스도시여,
비록 별 볼일 없는 사람이라도
나는 여전히 주님의 것입니다.

인생의 썰물과 밀물은
믿는 자에게도 있다

지금 나는

오늘 하루 내 길을 가고 있습니다.

나는 사람들을 봅니다. 그들의 말을 듣습니다.

나는 내가 해야만 할 일들을 합니다.

이런 것 또는 다른 것에서

성공하려는 바람을 가지고 있습니다.

그러나 하나님은 내게서 멀리 떨어져 계십니다.

나는 주님을 의식하지 못합니다.

주님 음성도 듣지 못합니다.

내게는 동전 한 푼이

주님보다 더 가까운 현실로 다가옵니다.

:: ::

물론 나는 알고 있습니다,

주님은 거룩하신 하나님이심을.

주님이 멀리 떨어져 계신 것은 겉보기에만 그럴 뿐,

실제로는 아주 가까이 계시는 것을
나는 알고 있습니다.
주님은 항상 나를 채근하시며
나를 살피시고
또한 나의 믿음 없음을 질책하시는 것도
나는 알고 있습니다.
주님 곁에 있는 것보다
더 안전한 곳은 아무 데도 없는 것을
나는 압니다.

그러나 나는 이 모든 것이 다
사실이 아닌 것처럼 여기며 살고 있습니다.
진실은 이것입니다:
'내게 중요한 것은 아무것도 없다.'
위와 같은 것을 알고 있으면서도 내가 그렇습니다.
내가 주님께 말씀드리는 때조차도
나는 말을 마친 뒤에 공허감에 빠집니다.

아마도 나는 나 자신이
그 말에 져야 할 책임을 회피하려는 듯합니다.
주님께도 나 스스로 마음의 문을 닫아걸곤 합니다.
혹시라도 주님께서 내가 쓴 마스크를 벗기실까 봐

나는 두려워합니다.

나는 나 자신의 고유한 본성에

그리고 아주 불투명한 모습에 직면해야 하겠습니다.

나는 내 의심이 끝나기를 간구하는 것이 아닙니다.

다만 회의에도 불구하고

내가 주님의 것이기를 원합니다.

오래 참으시는 주님의 자비를 간구합니다.

내가 다시 믿을 수 있을 때까지

스스로 잘 참아 내렵니다.

주님께서 다시 말씀하실 그때까지 인내하겠습니다.

그리하여 주님과 나 사이가

다시 투명해지기를 간구합니다.

하나님 없는 듯이 행동할 때조차도

나는 무신론자가 아닙니다.

심지어 주님을 믿기까지 합니다.

내 주변에는 나와 같은 사람들이 많습니다.

그리스도시여,

그들에게도 함께하시기를 기도드립니다.

믿는 저희들이 갈라져 있기에

믿음을 갖지 못하는 이들을 위해서도
나는 또 간구합니다.
그리고 아직 믿음의 목적과 목표를 이루지 못하였으면서도
여전히 믿음의 길에 서 있는 사람들이
주님과 함께 믿음직하게 살 수 있기를 기도드립니다.

믿는 자들에게도
조수간만의 때,
낮과 밤이 늘 생겨납니다.
오랫동안 기다린 뒤에야 낮이 되고
오랜 시간이 지나고 나서야
밤이 다시 찾아오곤 합니다.
나에게 재능이 없는 것이 아니라
주님으로부터 도망치는 대신에
주님을 다시 붙잡을 믿음이 없는 것을
나는 압니다.
비록 주님이 내게서 멀리 떨어져 계시더라도
나는 주님께 다시 기도드리렵니다.
믿음이란
사그라지지 않는 내 기도를 먹고 살기 때문입니다.

주님의 제자에게

배에서 내려 물 위로 걸어오라고 주께서 말씀하셨습니다.

나도 그리하렵니다.

주님은 내 발밑을 든든히 받쳐주실 것이기 때문입니다.

예수 그리스도여,

주님은 우리에게 무엇이 믿음인지를 보여주셨습니다.

우리에게 믿음을 주소서.

만일 우리에게 믿음이 없어진다면

우리가 주님을 벗어나 어디로 갈 수 있겠습니까?

주께서 우리를 위해 정하신 시간에

믿음으로 사는 것을 시작할 수 있기 위하여

우리 위치에서 믿음을 갖게 하소서.

주님이 원하시는 것을 하기 위한 기도

의로운 사람도
늘 선하지는 않다

그리스도,

세상의 빛이여,

선과 악을 구분하기는 언제나 어렵습니다.

매일같이 그것을 위해 노력해도

죄 없는 사람들 가운데서 죄인을 찾아내느라

날마다 괴로움을 겪습니다.

죄인으로 드러난 사람이라도 반드시 악하지는 않습니다.

의인도 늘 선하지는 않습니다.

누가 주님의 뜻을 알겠습니까?

주님의 뜻과 저희의 뜻을 분별할 수 있게

그 누가 도와줄 수 있을까요?

우리 조상들이 거룩하게 여겼던 것들 가운데,

그들이 주님의 뜻이라고 간주했던 것들 가운데

많은 것을 우리는 지나친 생각이라고 하면서

기도를 어떻게 드릴까요?

받아들이지 않고 있습니다.

우리 조상들이 나쁜 것이라며

배척하고 외면했던 것들 가운데

몇몇은 오늘날 우리의 의무사항으로 여겨지고 있습니다.

그리스도여,

어느 쪽이 주님의 뜻입니까?

많은 사람이 주님의 뜻대로 행하고자 합니다.

그러면서도 어느 것이 주님의 뜻인지를 모른 채

자기 판단에 따라 헌신하고 있습니다.

주님의 뜻에 따르기 위해 노력하는 우리에게도

실제 행실에서는 비신앙이 판친다고 하면

우리 죄를 어떻게 받아들여야 좋을까요?

이런 혼돈을 우리 중 아무도 일부러 선택하지 않았습니다.

우리가 사는 세상에 이런 것들이 놓여 있습니다.

그렇더라도 주님을 원망하지는 않겠습니다.

그보다는 주님 앞에 엎드리렵니다.

그리고 밝히 분별할 수 있게 도와주시기를 기도드립니다.

우리를 통하여 역사하소서.

주님이 원하시는 것을 하기 위한 기도

이 어지러운 우리의 세상 안에서
그리고 분별력 없는 우리 심령 안에서
오직 주님만이
무엇이 선한 것인지를 아십니다.

:: ::

하나님의 지혜이신 그리스도여,
우리는 우리 자신을 살펴봅니다.
주님께 우리 죄를 고백합니다.
우리가 한 일을 후회합니다.

주님,
용서해 주소서.

회개를 하였더라도
앞으로도 우리는 또 허물을 범합니다.
우리에게 용기를 주신 분은
오직 우리 주인이신 주님뿐입니다.
우리는 우리 자신이 보기에 더 나아지지 못했으며
다른 사람들이 느끼기에도 믿음직스럽지 못합니다.

우리는 자유에 관해 말하면서도

서로 얽히고설켜 살아가고 있습니다.

우리는 인간 자신의 도덕률을 확고한 규칙으로 알고 살아갑니다.

인간사회의 기본적인 법칙을 따르고 있습니다.

잠깐 동안 표면적인 합리화를 위하여

우리의 자유를 희생시키고 있습니다.

우리는 자기 것이든 다른 사람의 것이든

늘 사람의 죄를 의식합니다.

그 생각에서 벗어나지를 못합니다.

우리는 지나간 우리 자신의 과거를 헤집고 다니면서

이미 지나가버린 것을 다시 끄집어들입니다.

그러다가 점점 더 혼란에 빠져버립니다.

그리스도여,

우리는 이 죄의 짐을 구하지 않았습니다.

주님이 우리에게 그것을 지워주셨습니다.

그렇더라도 우리는 주님을 원망하지 않습니다.

그보다는 오히려 주님 앞에 엎드립니다.

우리는 인간의 진보를 더 이상 믿지 않습니다.

그 대신 주님과 주님의 사랑을 신뢰합니다.

주님은

"수고하고 무거운 짐 진 자들아, 다 내게로 오라"(마 11:28)고
말씀하셨습니다.
영원한 진리는 이것입니다.
우리 짐은 우리가 서로서로에게
또는 자기가 자기에게 지워준 것입니다.

주님은
"아버지께서 내게 주시는 자는 다 내게로 올 것이요
내게 오는 자는 내가 결코 내쫓지 아니하리라"(요 6:37)라고 말씀하셨
습니다.
우리 구원자시여,
우리를 정죄하는 대신에 받아주소서.

하나님 말씀을
멀게만 느끼다

아주 멋진 말씀들이 성경에 있습니다.

그것은 선택받은 자들에 관한 말씀입니다.

나에게는 그 말씀들이 멀게만 느껴집니다.

그 말씀들이 내게만은 적용되지 않습니다.

나는 무가치한 사람입니다. 거부당한 사람입니다.

하나님께서 저란 사람에게서 무엇을 시작하실 수 있을까?

'하나님'을 부른 다음에도

나는 무슨 말을 이어가야 좋을지 저는 모릅니다.

나는 주님을 소유하지 못했습니다. 주님은 내 곁에 계시지 않습니다.

:: ::

사람들은 내게 말합니다.

"너는 그리스도에게 소속되어야만 한다."

이 말 역시 내게는 멀게만 느껴집니다.

나는 나 자신에게 이렇게 말합니다.

희망이 없다.

너는 죄인이다.

너는 나쁘다.

네게는 사랑이 없다.

너는 잃은 자다.

너는 저주받았다.

:: ::

사람들은 내게 말합니다.

"너는 하나님을 위해 무엇인가를 해야만 한다."

내가 무엇을 해야 합니까?

나는 허당입니다.

나는 지쳤습니다.

내게는 위로할 힘이 남아 있지 않습니다.

내가 다른 이를 어떻게 위로할 수 있겠습니까?

날마다 저는 하나님께서 주신 사명을 배반합니다.

제가 어떻게 그것을 채워나갈 수 있을까요?

:: ::

사람들은 내게 말합니다.

"너는 하나님의 자녀다."

그런데도 난 나 자신을 버림받은 사람으로 생각합니다.

내게는 나 자신 밖에는 대화를 나눌 사람이 없습니다.
내가 개인적으로 회의하는 사항만 가지고 나 자신과 대화를 나눕니다.
나는 천 번 만 번 묻습니다: "왜…?"
이에 대한 대답을 전혀 기대하지도 않습니다.
다른 사람에게는 적합한 그 대답들이
내게는 전혀 알맞지 않게 느끼며 살아갑니다.

:: ::

주님이 누구신지 나는 더 이상 알지 못합니다.
하나님,
그러나 나는 주님께 말씀드리려 합니다.
주님 말씀을 들으려 합니다.
나 자신의 모습을 뒤로 숨기고
주님을 찾아 나서렵니다.

자비로우신 하나님, 나를 도와주소서.
나를 어리석음으로부터 구원하소서.
나를 외로움에서 벗어나게 하소서
만일 내가 주님의 자녀라면,
만일 내가 주님에게 조금이라도 소용이 있다면.

주님의 뜻이 어디에 있는지 나는 모릅니다.

주님께서 나를 어디로 인도하실지도 모릅니다.
그렇더라도 주님 인도하심에 따르겠습니다.
주님께서 원하시는 그대로 받아들이렵니다.
어떤 경우에도 주님을 잃지 않겠습니다.
내가 주님의 뜻을 있는 그대로 받아들일 때
나는 비록 지옥 한가운데 있더라도
주님 손안에 있을 것입니다.

내가 주님으로부터 멀리 떨어진다면
주님께서는 아마
내가 불안해하기를 바라실 것입니다.
그것이 오히려 주님께 좋은 결과를 가져올 것입니다.
내게도 그런 것이 더 좋습니다.
이로써 나는 주님께로 더 가까이 다가설 것입니다.
내가 주님 곁에 있다면
비록 지옥에서라도 주님 자비를 경험할 것입니다.

:: ::

19 이렇게 함으로써, 우리가 진리에서 났음을 우리는 알게 되고, 하나님 앞에서 확신을 가지게 될 것입니다. 20 우리가 마음에 가책을 받는 일이 있을지라도, 우리는 그렇게 될 것입니다. 하나님이 우리의 마음보다 크시고, 또 모든 것을 아시기 때문입니다. (요일 3:19-20)

기도를 어떻게 드릴까요?

크면서도 조용한
바람이면 충분하다

하나님의 영은 예수님을 광야로 이끌었습니다. 그분은 거기서 밤낮 40일 동안 금식하셨습니다. 마침내 배고픔이 그분을 압도했습니다. 그때 유혹하는 자가 그분에게 다가왔습니다. 그리고 그분에게 빈정거렸습니다. "네가 진정 하나님의 아들이냐? 그렇다면 이 돌들에게 명령하여 떡이 되게 하라."

예수님은 대답하셨습니다. "성경에 쓰여 있기를 사람이 빵만으로 살 것이 아니라. 그보다는 오히려 하나님께서 그에게 하시는 말씀으로 산다고 했다."(마태복음 4:1-4)

:: ::

구약시대 예언자들 가운데 엘리야가 있었습니다. 하나님께서 주신 사명을 수행하다가 그는 절망상태에 빠졌습니다. 그는 광야로 도망쳐 로뎀 나무 아래 앉았습니다. 그는 차라리 죽는 것이 낫겠다고 생각했습니다. "이제 할 만큼 했습니다. 하나님, 지금 내 생명을 거두어주소서. 나는 내 조상들보다 결코 낫지 못합니다." 아직 그가 말하고 있을 때, 천사가 와 그의 뒤에 섰습니다. 떡과 물을 가져 온 천사는 그에게 계속 하

하나님의 산으로 가라고 명령했습니다.(열왕기하 19장)

:: ::

위의 두 가지 이야기는 초대교회 교부들의 문헌에 자주 언급됩니다. 그들은 그리스도 예수와 함께 광야에 머물기를 즐겼습니다. 그들에게 광야는 두 가지 의미가 있습니다. 첫째로 그곳은 절망과 죽음 외에는 다른 아무것도 없는 곳입니다. 둘째로 그곳은 예수 그리스도와 만나고 성경 말씀에 이끌리며 절망과 죽음을 초월하기에 가장 적합한 장소입니다.

행복하여라,
주님 집에 사는 사람들!
그들은 주님을 항상 찬양하리라.
행복하여라, 주님께 힘을 얻는 사람들!
그들 마음에는 훤한 길이 열리리라.
비록 그들이 눈물 골짜기를 지날 때라도
광야 그 골짜기에도
하나님께서 그들을 위해 샘이 솟아나게 하시리라.
복이 터져 이른 비가 내리게 하시리라,
그곳이 정원같이 꽃 피어나도록.
그들은 힘을 얻고 또 얻으리라,
마침내 시온에 도달하기까지.(시편 84:5-8 직역)

:: ::

그리스도여,

주님은 광야의 샘물,

주님은 나를 보십니다.

주님은 위로받지 못하는 나의 쓸쓸함을 아십니다.

나에게 말씀하소서,

아무도 없는 곳에서 주님을 찾을 때

내가 마침내 주님을 발견할 수 있게.

"나는 주님의 자녀입니까"라고 내가 물을 때

주님 내 말을 들으소서.

그러면 내 인생의 돌들이 떡으로 바뀔 것입니다.

저를 도우소서,

제 자신의 상념들에서 벗어나

주님 말씀의 반석 위에 나를 굳건히 세울 수 있게.

주님께서 내 곁에 계심이 느껴질 때까지

인내하게 하소서.

주님의 뜻을 내게 보이소서,

나의 뜻이 주님의 뜻과 같게 하소서.

주님과 하나 되게 하소서.

주님이 나의 힘이 되어 주소서.

주님이 나의 평화가 되어 주소서.

주님이 나의 길이 되어 주소서.

감사드립니다, 주님께서 내 곁에 계심을.

:: ::

신실하신 그리스도여,

연약한 우리를 주님에게로 이끌어주소서.

만일 주님께서 우리를 이끌어주시지 않는다면

우리에게는 주님을 따를 능력이 없습니다.

우리가 연약해 질 때마다

용기 있고 자원하는 영혼을 우리에게 주소서.

주님 은혜를 바라보며 나아가게 하소서.

주님 없이는 우리가 아무것도 할 수 없습니다.

특히 주님으로 인하여

비참하게 죽어야 할 때에는 더욱 더 그렇습니다.

자원하는 영혼과

두려워하지 않는 심령을 주소서.

바른 믿음과 굳건한 소망을 주소서.

사랑을 온전히 베풀어 주소서.

그리하여 참아낼 뿐만 아니라 기뻐하면서

우리 생명을 내어주게 하소서.

– 요한네스 후스가 죽음 직전에 드린 기도

:: ::

만일 어떤 하나님이 존재한다면,

들으소서, 하나님!

내 말을 들으소서,

나는 하나님께 탄원합니다.

보이지 않으십니까,

힘겨움 앞에서, 죽음 앞에서

우리가 겁을 집어먹은 모습이.

들으소서, 하나님,

시간이 흘러갑니다.

나의 해, 나의 날들이 사라져갑니다.

나의 힘, 나의 용기가 희미해집니다,

마치 바람에 날려가는 연기처럼.

내가 누구인지조차 낯섭니다.

목적지를 내게 알려주는 이 하나도 없습니다.

주님의 침묵으로부터 얻어지는 것도 전혀 없습니다.

내 인생의 의미를 찾을 수 없습니다.

고난과 시련이 이다지도 많은 까닭은 무엇입니까?

다툼과 분쟁이 이렇게나 많은 이유는 무엇입니까?

어찌하여 주님은 저를 떠나가셔서

여기서 불안과 어둠에 빠져들게 하십니까?

나의 형제 그리스도여,

하나님께서 주님을 불러올리실 때까지

주님은 세상을 위하여 가장 밑바닥까지

내려가는 고통을 겪었습니다.

지옥 같은 외로움에 사로잡히셨습니다.

주님은 하나님의 얼굴을 보여주셨습니다.

오직 주님의 사랑에 사로잡혀

나는 이제 물음을 멈추렵니다.

위로와 빛이신 나의 형제 그리스도여.

무슨 연고로 나에게 강요하십니까,

이 광야를 지나가라고?

주님,

나는 곤고합니다,

가시밭길 한가운데서.

다만 한 가지

주님께로부터 오는 징조가 필요합니다.

광야를 지날 때

갈색 모래들과

넓은 지평선

그리고 크면서도 조용한 바람이면 충분합니다.

제발 낯선 현상들은 더 이상 없게 하시고

우연한 일들도 생기지 않게 해 주소서.

마음껏 활보하며

주님을 알아볼 수 있는

드넓은 왕국을 보여주소서.

 – 생 떽쥐페리[9]

---

9) in: Antony de Saint-Exupéry, Gebete der Einsamkeit, Düsseldorf: Karl Rauch Verlag, 1954.

주님은
사람들에게 다가서신다

주는 영이시니

주의 영이 계신 곳에는 자유가 있느니라

우리가 다 수건을 벗은 얼굴로

거울을 보는 것 같이 주의 영광을 보매

그와 같은 형상으로 변화하여 영광에서 영광에 이르니

곧 주의 영으로 말미암음이니라 (고후 3:17-18)

:: ::

그리스도는 여러 가지 불안의 곤고함과 하나님으로부터의 단절을 통과하셨습니다. 바로 그렇기 때문에 만일 우리가 그런 길을 그분과 함께 간다면, 그분은 성령으로 우리와 함께 하십니다. 성령께서 계신 곳, 곧 고난당하며 곤경을 겪으시던 그리스도의 영이 계신 곳에는 자유가 있습니다. 불안에 사로잡힐 때 고난당하신 그리스도와 얼마만큼 가까워지냐에 따라 우리는 그분의 신적인 능력과 자율성을 보여줄 수 있습니다.

자유란 사랑받는 곳에만 존재합니다. 사랑이란 자유가 있는 곳에서만 만들어집니다. 우리는 불안감으로부터 자유로운 것이 아니라 그것에게 통제당하는 것으로부터 자유롭습니다. 믿음과 신뢰는 불안감을 넘어서는 곳에서 형성됩니다. 하나님을 신뢰했거나 하나님 안에서 자유로웠던 경험으로 인하여 우리는 불안감을 넘어설 수 있습니다.

예수님은 자유가 무엇인가를 보여 주셨습니다. 본디 자유인이었기에 그분은 이 세상에 살아가는 인간의 운명에 자기 자신을 스스로 얽매이게 하셨습니다. 그분은 희망사항이나 꿈 대신에 이 세상 곧 인간과 그들의 고생을 붙드셨습니다. 자기만의 행복을 추구하려는 욕망에 의해 방해받지 않으면서 이렇게 할 수 있는 자는 진정 자유인입니다.

재즈 음악가였던 듀크 엘링턴Duke Ellington이 언젠가 말했습니다.

70세 생일인 나의 소원은 무엇인가? 우리나라의 자유에 덧붙여 미움과 불안으로부터의 자유를 나는 원한다. 불안감에서 해방된 자만이 다른 사람을 위해 무엇인가를 할 수 있기 때문이다. 그리고 교만으로부터 자유로운 자만이 자기 형제를 위해 보다 좋은 것을 펼쳐나갈 수 있기 때문이다.

:: ::

성령을 보내주시는 그리스도여,

내게 매우 중요하게 여겨지는 것조차도

나는 가끔 수수방관해버리고 싶습니다.

나의 직업,

방치해 둘 수 없는 일,

때로는 그냥 지나칠 수 없는 나의 이웃들,

나를 위해

그리고 주님을 위해

나는 가끔 이 모든 것을 내려놓고 싶어합니다.

그러나 나는 주님을 봅니다:

주님은 사람들에게로 다가 가셨습니다.

그들의 수고와 부패를 가까이에서 보셨습니다.

별로 중요하지 않은 것들을 중요하게 여기며

자기 삶을 자기가 지치게 만드는 사람들에게 접근하셨습니다.

나는 주님의 길을 봅니다.

그리고 그 길로 나아가고자 합니다.

다만 그 과정에서 나도 주님처럼 자유인이 되고 싶습니다.

사람들이 내게 무엇을 기대하는지를

나는 더 이상 묻지 않습니다.

다만 지금은

주님께서 내게 무엇을 원하시는지를 듣고자 합니다.

이 시대의 정신에 내가 무엇을 보태야 할 지를 놓고

나는 더 이상 노심초사하지 않겠습니다.

왜냐하면 주님이 이 시대의 정신이시기 때문입니다.

그리고 주님은 나를 자유롭게

만들고자 하시기 때문입니다.

나는 더 이상 불안해하지 않으렵니다.

비록 불안감이 나를 압도하려 한다할지라도

나는 거기에 짓눌리지 않을 것입니다.

왜냐하면 주님은 자유의 영이시기 때문입니다.

그런 주님도 한때 나처럼 불안해하신 적이 있기 때문입니다.

나는 다른 사람의 생각에 나 자신을 끌려 다니게 할

필요가 전혀 없습니다.

왜냐하면 내가 자유로운 그 때 내리는 결정이

가장 순수하게 만드는 것이

주님의 은혜이기 때문입니다.

그럴 때 나의 사랑이 퇴색하지 않으며

나의 선한 의지가 세속적인 소리에 물들지 않기 때문입니다.

영혼을 주시는 이여,

반쪽짜리 인생이 이제는 마침표를 찍게 하소서.

절름발이 자유도, 어설픈 선함도 사라지게 하소서.

주님께서 주님 자신을 내어주시니 나는 자유인입니다.

실패할 수 있다는 두려움을
주님께 내어드리다

"모든 것을 다 내어놓게 하소서, 나는 주님의 것이기 때문입니다."라고 핀란드의 신비주의자 해드위Hadwig가 말했습니다. 그녀에 따르면 무엇인가를 있는 그대로 둘 수 있는 사람은 그것을 또한 내려놓을 수 있으며 내어줄 수 있습니다. 아무것도 움켜쥐지 않으려는 사람은 지켜내려고 부질없이 안간힘을 쏟아 넣던 것들까지도 안심하고 자기 손바닥 위에 올려놓을 수 있습니다.

내려놓는 자, 자기주장을 고집하지 않는 자, 자기를 지나치게 몰아세우지 않는 자, 자기 자신을 지치게 하지 않는 자라야 사람은 비로소 무엇인가를 자유롭게 표현하며 자신을 느긋한 사람으로 세워갈 수 있습니다. 자기를 내려놓는다면 사람에게는 어색한 몸짓을 일부러 꾸며낼 필요가 없어집니다. 자기 말을 합리화하느라 되는 말 안 되는 말을 마구 끌어다 붙일 필요도 없어집니다.

복음서에는 느긋했던 사람이 한 대단히 아름다운 말이 있습니다. 그 사람은 들을 줄도 알고 순종할 줄도 알았습니다. "보십시오, 나는 주의 여종입니다. 천사님의 말씀대로 나에게서 이루어지기를 바랍니다"(눅 1:38 표준새번역) 마리아는 자신을 주님의 보호아래 내려 놓았기에 이렇게 말할 수 있었습니다.

:: ::

기도의 힘이 얼마나 위대한가! 그것을 왕비에 비유해 보자. 그녀는 맘만
먹으면 언제든 왕에게 다가갈 수 있다. 그리고 자기가 원하는 것을 청할
수 있다.

응답받는 기도를 드리기 위해서라면 아름다운 용어나 규격에 맞는 형식
을 취하려고 일부러 책을 읽을 필요가 없다. 만일 그래야만 한다면 얼마
나 유감스러운 일인가! 만일 그렇다면 나는 기도를 전혀 드릴 수 없으리
라. 왜냐하면 나는 그 책에서 어느 부분을 발췌해야 제대로 된 형식과 내
용을 갖추는지를 완벽하게 알 수 없기 때문이다.

기도드릴 때 나는 마치 글을 전혀 읽을 줄 모르는 어린 아이처럼 될 수밖
에 없다. 나는 아주 간단하게 '하나님'을 부른다. 거기에 멋진 말로 장황
하게 덧붙일 필요가 없다. 그래도 하나님은 내 말을 다 이해하신다.

나에게 기도란 무엇인가? 그냥 하늘을 올려다보는 것이다. 감사하다는
말 한 마디다. 마치 기뻐할 때처럼 힘겨울 때에도 사랑한다고 말하는 것
이다. 내게는 이것이 나의 영혼을 확장시키고 나를 예수님과 하나되게 만
드는 위대한 기도다.

-테레제 폰 리지욱스(Therese von Lisieux)[10]

---

10) in: Therese vom Kinde Jesus, Selbstbiographische Schriften-authentische Texte, Einsiedeln: Johannes
Verlag, 1981.

:: ::

무엇이 느긋함인가? 나는 "억지로 하는 것 없이 너의 영혼 안에 예수님의
뜻이 자리 잡게 하는 것이다"라고 생각한다.

– 안젤루스 질레지우스[11]

:: ::

거룩하신 하나님,
나를 주님께 내어드리며
간구합니다.
여유만만하지 않은 모든 것을 그치게 해 주소서.

나의 의지를 주님께 내어 맡깁니다.
내가 하는 것과
나를 통해 되어 가는 일들을
나는 책임질 능력이 없습니다.
나를 주님께로 인도하시고 주님의 뜻을 보여주소서.

나의 생각을 주님께 내어드립니다.
나 자신을 이해할 수 있을 정도로
세상과 주변 사람들을 알 수 있을 정도로

---

11) in: Angelus Silesius, Cherubinischer Wandersmann, 2. Aufl., Glatz: Schulbath, 1675.

내가 똑똑하다고

나는 믿지 못합니다.

주님의 생각을 헤아릴 수 있게 나를 가르치소서.

나의 계획들을 주님께 내어드립니다.

내가 계획한 대로 이루어진다고 해서

내 인생의 의미가 실현된다는 믿음을

나는 더 이상 갖고 있지 않습니다.

나는 주님과 주님의 계획을 전적으로 신뢰합니다.

주님은 나를 나보다도 더 잘 아시는 분이기 때문입니다.

다른 사람들을 향한 나의 보살핌을 주님께 내어드립니다.

내가 그들을 돌보는 것이 그들에게 더 나은 것을

가져다주리라고 나는 더 이상 믿지 않습니다.

그것은 전적으로 주님 손에 달려 있습니다.

어찌 내가 그것으로 마음을 졸여야 하겠습니까?

나보다 훨씬 강한 사람에게서 느끼는 불안감을 주님께 내어드립니다.

강한 자들 사이에서 주님은 무방비 상태였습니다.

그 강자들은 다 소멸되었고 주님은 다시 살아나셨습니다.

내 자신이 실패자가 될 수도 있다는 두려움을 주님께 내어드립니다.

주님이 원하시는 것을 하기 위한 기도

나는 세상에서 성공한 사람이 되어야만 할 필요가 없습니다.
다만 주님의 뜻에 따라 복 받은 사람이 된다면
그것으로 족합니다.

아직 풀리지 않은 모든 문제들,
내 자신에게 벅찰 정도로 혼자서 안간힘을 다하는 것들,
아직 괄호 안에 묶여 있는 희망사항들을 주님께 내어드립니다.
닫힌 문을 향해 무모하게 치닫기를 포기하렵니다.
그리고 주님을 바라보며 기다리렵니다.
주께서 그 문들을 열어주실 것입니다.

나 자신을 주님께 내어드립니다.
나는 주님께 속한 사람입니다,
하나님,
주님은 나를 주님의 선한 손으로 받아주십니다.
주님께 감사드립니다.

기다린다,
주님의 시간이 올 때까지

신약성경에서 인내란 '⋯ 아래 머무는' 능력과 자세입니다. 그것은 어떤 일이나 무거운 짐이나 사명 아래에서 견뎌내는 것입니다. 이럴 때 인내란 무엇인가를 감당하는 것이요 내던지지 않는 것입니다. 물론 이것은 인내의 한 측면입니다.

구약성경에서 인내란 희망이요 기대감입니다. 히브리 말에서 희망은 어떤 곳에 줄을 걸고 그것을 팽팽하게 잡아당기는 사람을 가리킵니다. 또는 그 사람이 밧줄처럼 팽팽한 긴장상태를 유지하는 것을 의미합니다. 소망을 품는다, 참아낸다는 말은 이곳과 저곳 사이의 긴장관계를 감수하는 것이요, 그 끈을 놓지 않는 것입니다.

인내란 무엇인가를 완성하는 능력이요, 어떤 일이 완전히 성숙할 때까지 거기 머무는 능력입니다. 갑작스러운 비약이나 열광하는 묘안이 아니라 꾸준함이 중요합니다. 꾸준한 완성이 중요합니다. 이런 인내는 누군가를 자기에게 끌어들이는 것에서보다는 스스로를 크게 만들려는 데서 형성됩니다. 자기 안에 커다란 그 무엇이 있음으로 그는 작은 것들을 포용할 수 있습니다. 그 큰 것 안에 자신의 작은 생각들이 다 수용됩니다. 이로써 그는 두렵고 떨리면서도 보다 큰 것을 향해 나아갈 수 있습니다. 인내가 바로 이런 것이라면 그것은 감내할 만합니다. 이것은 자기 자신의 의지를 꺾는 것이 아닙니다. 그보다는 오히려 그것을 가장 큰 것 곧 하나님의 계획을 향하여 힘차게 밀고 나가는 것입니다.

:: ::

하늘에 계신 아버지
나는 건강을 위해서도
질병을 위해서도 기도드리지 않겠습니다.
생명이나 죽음을 위해서도…
그보다는 내가 건강하든 병에 걸리든
살든지 죽든지
어느 것이나 다 주님 영광을 위하여
그리고 나의 구원을 위하여 쓰이기를 기도드리렵니다.

오직 주님만이 제게 유익한 것이 무엇인지 아십니다.
주님만이 오직 나의 주인이시니
주님 뜻에 합당한 대로 행하소서.
제게 주기도 하시고 제게서 취하여 가기도 하소서.
언제든지 제가 바라는 것이
주님께서도 바라시던 그것이 되게 하소서….

오직 주님만이 내게 유익한 것이 무엇인지 아십니다.

주님만이 오직 내 주인이시니
주님 뜻에 합당한 대로 행하소서.
- 블레제 파스칼 1623~1662)

:: ::

나의 하나님 온 힘을 다해
주님 곁에 머뭅니다.
나는 주님을 놓아버릴 수 없습니다.
나는 주님을 꽉 붙잡습니다.
그리고 주님을 뵈올 그때까지
주님과 나 사이에 형성된 긴장감을 견뎌내려 합니다.

끝까지 인내하시는 하나님,
나도 기다리렵니다,
주님의 시간이 올 때까지.
사람을 변화시키려는 시도를 더 이상 하지 않겠습니다.
이 세계를 더 좋게 만드는 것도 나의 직무가 아닙니다.
거룩한 성자가 되는 것도 내 인생의 목표가 아닙니다.
다만 주님의 시간이 오기까지 나는 기다리렵니다.

수수께끼 같으신 하나님,
주님께서 제게 지워주신 것은

그 무엇이든 다 짊어지겠습니다.

나는 그것을 내던지지 않겠습니다.

그 때문에 자기 연민에 빠지지도 않겠습니다.

주님께서 그것을 내려주실 때까지,

목적지에 이를 때까지 지고 가겠습니다.

지혜의 근원이신 하나님,

나를 둘러싼 걱정거리를 다 주님께 맡기렵니다.

내가 품은 의문들도 다 주님께 내어놓으렵니다.

그것들로 속을 끓이지 않으렵니다.

모든 수수께끼를 다 푼다고 해서 무슨 소용이 있습니까?

나에 관련된 이해할 수 없는 신비한 것들을

모두 다 내려놓습니다.

나를 괴롭히고

내가 이해할 수 없는 것들에 대한 항변도 내려놓습니다.

내게 있는 근심거리를

다 주님께 내려놓습니다.

왜냐하면 주님께서 마지막 순간까지

친히 그것들을 담당해 주시기 때문입니다.

그리고 주님은 내게 삶의 활기를 되찾아 주실 것입니다.

내가 복덩어리를 지고 왔다는 것을 깨닫게 하실 것입니다.

이른 아침,
나는 생각을 선물로 받는다

도스토예프스키 작품 《까라마조프가의 형제들》에서 아인지들러 수도 사인 스타레즈 소씨마는 말했습니다.

네가 곰곰이 생각해 본다면 너는 종종 망연자실해질 것이다. 특히 인간의 죄를 돌아볼 때 그럴 것이다. 그리고 힘을 다해 그것을 추적할 것인가 겸손한 사랑으로 대해야 하는가를 물을 것이다.

형제여, 인간의 죄에 대하여 질겁하며 물러서지 말게나. 죄를 지은 인간이라도 사랑하게. 그런 것이야말로 하나님의 사랑을 본받는 것이며 세상에서 가장 아름다운 사랑이라네.

하나님의 피조물 전체를 사랑하며 작은 겨자씨 하나까지 포함해 모든 것을 사랑하게. 나뭇잎 하나, 햇살 하나까지도 사랑하게나. 동물들과 식물들도 사랑하게나. 어떤 것이든 다 사랑하게나. 그와 같은 것들을 사랑하게 되면 그것들 안에 들어있는 하나님의 신비가 네게 뚜렷하게 나타난다네.

만일 그것이 일단 한 번 나타나면, 그것은 네게 늘 되풀이 나타나기 마련이네, 오래도록 그리고 날마다. 그리하여 마침내 너는 모든 것을 품은 세상을 아주 폭넓게 사랑할 수 있게 된다네. ...

어떤 계획 앞에서 너는 때때로 망설일 때가 있을 것이야. 특히 인간의 죄 많은 격정에 직면할 때 너는 스스로 물을 것이네. '강압 아니면 겸손한 사랑이 필요한가?' 그럴 때마다 '정말 필요한 것은 겸손한 사랑이라고' 결단을 내리게. 언제나 그런 결단을 내린다면 너는 세상을 이기는 사람이 되는 거야. 겸손한 사랑이야말로 아주 위력적인 것이라네. 그것은 모든 것 중에서 가장 위력 있는 것이라서 그에 버금갈 것이 없다네.

:: ::

은빛 날개를 번쩍이며 나는 비행기를 발명하는 것 같은
새로운 것을 나는 할 수 없습니다.
그러나 이른 아침 나는 생각이라는 것을 선물로 받았습니다.
그것도 아주 멋진 생각을.

:: ::

장차 임할 하나님 나라의 주 하나님,
주님께 감사드립니다.
주님은 보잘 것 없는 우리 인생에
주님과 함께 만들어가는

주님과 함께 의로워지는

주님과 함께 평화의 영역을 넓혀가는

놀랍도록 큰 의미를 부여하셨습니다.

주님은 폭력을 원하지 않으십니다.

권리 주장이나 강압적인 명령도 원하지 않으십니다.

오직 믿음과 인내로

아직도 주님 사랑을 믿지 않는 이들에게

사랑을 보여주기를 원하십니다.

주님의 능력밖에는 그 어떤 힘도 우리에겐 없습니다.

우리는 주님만 신뢰할 뿐입니다.

이는 세파가 우리를 거슬러 불어오며

우리를 지치고 절망하게 만들기 때문입니다.

우리는 주님의 선하심을 믿습니다.

그러면서도 여전히 폭력에 의존하려 합니다.

우리는 스스로 충동에 이끌리면서

지칠 때까지 끝까지 밀고 나가는 성향이 있습니다.

이런 우리 자신을 떠나 어디에나 계시는 주님을 신뢰하는 것밖에는

그 어떤 것도 도움이 되지 않습니다.

표적을 보여주소서, 우리가 주님 곁에 조용히 머물 수 있도록.

그래야 주님의 세계에서 조금이라도 성숙해집니다.

그래야 주님 나라가 보입니다.

우리에게 보여주소서,

주님의 살아 역사하심과

성령님의 강렬하고 충만하신 능력을.

우리를 인도하소서.

우리 의지와 우리 생각을 이끌어주소서.

우리에게 이곳에서 이루어진 주님의 나라의 작은 시작을,

그리고 저곳에서 이뤄질 위대한 완성을 보게 하소서.

:: ::

주님,

저는 목까지 차오르도록 배가 부릅니다.

그리고 망상을 집요하게 붙들고 삽니다.

저는 제 자신을 되돌릴 수 없습니다.

앞만 바라보고 침묵하며 나갑니다.

나의 목이 쉴 수 있으면 얼마나 좋을까요?

제 목이 무척 뻣뻣합니다.

고개를 이리 저리 쉴 틈 없이 돌리느라 그렇습니다.

저를 똑바로 걷는 사람으로 만들어주소서.

주님께서 보여주시는

그 길만 바라보며

가게 해주소서.

기차와 자동차 소음에,

사람들이 한 말이 제 귀에 메아리치는 바람에

다가오는 날들로 인해 골치가 아파서

제 귀는 아주 먹먹합니다.

아주아주 고단합니다.

들려오는 금속성, 쉴 새 없는 잡음으로

거의 죽을 지경입니다.

여러 가지 유혹에 배가 터질 지경입니다.

그것들은 제 밖에서 안으로 들어옵니다.

그리고 저의 이기심에서 생겨나기도 합니다.

주님

저를 자극해 주소서,

주님의 큰 사랑이 저를 이끌어가도록.

그리하여 주님 안에서

영원한 기쁨을 찾게 하소서.

　　– 존 므비티 (John Mbiti)[12]

---

12) in: G. Hänisch(Hg.), Jeder Tag ist Gottes Tag, Berlin, Evangelische Verlagsanstalt, 1969.

거대한 이 세상은 주님의 것입니다,
하나님.
주님 안에 집과 길과 천막이 있습니다.
힘도 주님이 주시는 것이며
시간도 주님이 주시는 것입니다.
계획도 주님이 주시고 이끄심도 주님이 주십니다.
우리는 달려 나가 주님에게 안착합니다.

산과 바람과 해변이 주님 안에 있습니다.
햇볕은 주님의 옷입니다.
우리를 은혜롭게 지키시며 인도하소서,
주님.
주님의 거대한 목적으로 우리를 이끄소서.
주님의 손으로 우리를 굳건히 붙들어 주소서.

chapter
―――
3

평온하게
살기 위한
기도

다리 위에 서서 흐르는
물을 바라보다

다리 위에 서 아래로 흐르는 물을 바라봅니다… 흔히 사람들은 흐르는 물을 세월이 흐르는 것에 비유합니다. 시간이 미래로부터 오는 것이 아니라면 그것은 과거로 흘러가는 것도 아니지요?

다리 위에서 아래로 내려다볼 때 나는 과거와 미래 사이에 끼어 있는 현재를 경험할 수 있을까요? 바로 지금 이 특별한 현재의 경험을 말입니다. 여기서는 또한 이 아름답고도 강력한 움직임에서 아주 심오한 기쁨이 솟아납니다. 동시에 이 모든 움직임이 평온해지는 순간을 기대합니다.

다리 위에서 겪은 이 경험에서 나는 내가 사는 인생의 자리가 물 흐르는 바로 그곳이라는 점을 새삼 깨닫습니다. 한편 물이 나를 침범하지 못하는 곳이며, 다른 한편 다리 위 이 좁은 길밖에는 다른 길이 내게 없습니다. 그 다리를 통해서만 나는 강변 다른 쪽으로 갈 수 있습니다.

우리가 살고 있는 강 이편을 반드시 떠나야 할 때가 온다는 것을 누구나 다 알고 있습니다. 강물은 그를 모든 것이 저지되고 마비된 무의 세계로 끌어갈까요, 아니면 그가 저편의 다른 세계에 이를 수 있게 다리 하나를 놓아 줄까요? 마침내 그는 이 세상에 있는 사람은 도저히 상상

조차 할 수 없는, 우리가 흔히 '영원'이라 부르는 안정되고 평화로운 새
로운 현재로 들어서게 될까요?

죽음을 본향으로 돌아간다고 보는 것이 곧 믿음입니다. "내 아버지 집
에는 거할 곳이 많다"고 하신 예수님은 "내가 너희를 위하여 거처를 예
비하러 가노니"라고 말씀하셨습니다.(요 14:2) 본향으로 돌아가는 것을 생
각할 때마다 우리는 다리 위에 있는 길을 연상합니다. 사라져가는 생명과
죽음 사이에서 우리는 죽음과 새롭게 다가오는 생명을 향해 발걸음을 내
딛습니다. 그리로 가는 길은 튼튼한 기초 위에 닦여 있습니다.

이 경계선에서 우리 손은 희망 이외에는 잡을 것이 아무것도 없습니
다. 우리에게는 이 세상에 있는 단 하나의 이미지 곧 물결 위에 놓인 다
리 밖에는 보이지 않습니다.

:: ::

> 그리스도는 다리입니다. 그것도 이 땅에서 하늘로 이어지는 유일한 다리
> 입니다. 그 오른쪽과 왼쪽에는 낭떠러지가 있습니다.
>
> – 카타리나 폰 지에나

:: ::

시간을 창조하신 하나님
나는 비껴가지 않으렵니다.
이 세상 시장통에서 지내는 것처럼
분주했던 날들이 끝나가는 이때

나에게는 큰 물결을 건너갈
다리가 하나 필요합니다.
그것을 건너 나를 맞아주실 분이 계신
다른 편으로 갈 것입니다.

영원하신 하나님
나는 아무것도 가지고 가지 않습니다,
내가 소유했던 것이나 의지했던 것들 가운데 아무것도.
꼭 필요한 것만 할 수 있게 나를 도우소서.
무엇보다도 필요 없는 짐으로부터 자유하게 하소서.
내 마음에 아무 미련도 남지 않게 하소서.
꼭 필요하지 않은 것들을
모으지 않게 도우소서.
자유롭고 가벼운 마음으로
마지막 길을 가게 하소서.

물론 내 마음에 걸리는 사람이 있습니다.
이 세상을 떠나가게끔
하나님께서 사람에게 허락하셨습니다.
그것은 그에게 제공된 기회입니다.
더구나 아주 좋은 일입니다.
주님께서 직접 이렇게 만드셨습니다.

나는 그를 사랑합니다.

그가 떠나가는 마지막 순간에도

그를 놓고 싶지 않습니다.

이런 마음으로 나와 그를 주님께 내어 맡깁니다.

내가 그를 더 이상 감당할 수 없을 때

그 시간에도 주님은 그를 지켜주십니다.

그리스도여,

주님은 이곳과 저곳을 이어주는 다리입니다.

나의 길을 갈 때마다 나는 겁이 납니다.

그러면서도 나는 주님을 신뢰합니다.

주님이 나를 인도하며 맡아주시리라 믿습니다.

나는 그 길에 접어드는 것이

힘든 일인지 쉬운 일인지 잘 모릅니다.

그렇더라도

 나는 두려워하지 않으렵니다.

나는 나 자신을 떠나 주님께로 갑니다.

행복했던 낮과
재충전의 밤을 생각하다

우리가 나이 들어가는 일이 곧 하나님께서 주신 복입니다. 그 과정에서 우리는 자녀들과 손주들을 봅니다. 이로써 우리는 점점 더 현명해지다가 마침내 주어진 인생에 만족하며 죽어갑니다.

그 다음에 우리는 마치 좋은 식탁에 앉았다가 일어나듯이 부활에 이릅니다. 그 식탁에 차려진 음식이 적든지 많든지 상관없이 우리 인생은 단지 배부름이 아니라 즐거움입니다. 우리는 이렇게 해 주시는 하나님께 감사드립니다.

여기에서 신뢰가 시작됩니다. 쉽게 신뢰를 잃어버리는 오늘의 세태에서 생명 살리기에 최선을 다하는 것은 언제나 가치있는 일입니다. 각자 자기 삶의 과정을 긍정하는 데에서부터 지혜가 시작됩니다. 늙어가거나 사별하는 때에도 긍정적인 요소를 발견하는 것 또한 지혜입니다.

그러면서도 우리에게는 모든 것을 지금 이대로 유지하고픈 마음이 있습니다. 동시에 모든 것이 얼른 끝났으면 하는 마음도 있습니다.

구약성경에서 경건한 자들은 자신을 살아 있는 동안에 주님의 식탁에 함께 앉은 자로 받아들였습니다. 신약성경에서 경건한 자들은 이 세상에서의 식탁이 이미 치워졌더라도 그 식탁에는 여전히 자신을 위한 자기 자리가 있다고 믿었습니다. 이렇게 그들은 모두 감사한 마음으로 살았습니다.

:: ::

우리 각 사람에게는 시간이 다가오고 있습니다.
인생의 가을이 느껴집니다.
바람 속에 무엇인가가 실려 옵니다.
권면하며 향기로우며 달콤한 그 무엇이
나이 들어가는 가슴을 어루만집니다.

그리고 나서 좋은 시간이 다가옵니다.
서서히 그리고 잊어지면서.
우리를 둘러싸는 한 성이 세워져 있다는
언제든지 우리를 그 일원으로 받아준다는
어린 시절의 믿음이 되살아납니다.

- 에른스트 비헤르트[1]

::

지극히 선하신 하나님,

---

1) in: Ernst Wiechert, Eine Mauer um uns baue. Dankaufsatz anlässlich der Erregungen zum fünfzigsten Geburtstag. Mainz. 1937.

나 자신과

내가 살아온 나날에 걸었던 길들을

다시 한 번 되돌아봅니다.

내 능력을 반추해 보는 것이 아닙니다.

그것은 대수롭지 않았습니다.

내 선행을 되새겨보는 것도 아닙니다.

생각하기에 따라 그것은 아주 쉬운 것이었습니다.

그런데도 자주 뒤로 미루어놓곤 했습니다.

지금은 주님께서 제게 해 주신

선한 것들을 생각합니다.

아주 고맙고 감사합니다.

나와 함께했던 모든 사람,

우정과 사랑을 나누었던 사람들

내가 기억하는 것보다 훨씬 더 친절하게 나를 받아주었던

그들을 생각합니다.

행복했던 낮과

재충전했던 밤을 생각합니다.

불안과 죄의 시간에

좌절의 순간에

나를 지켜준 선한 것들을 기억합니다.

투덜거리고 힘들어하면서도
그 안에서 의미를 찾지 못하면서도 해냈던
어려운 일들을 나는 생각합니다.
주님께 손을 벌리며 나는 기도를 드립니다.
'내가 주님을 만날 때,
그때 그 일의 의미를 깨닫게 해 주소서.'

나의 하나님
내 일생동안 일어났던 많은 것들을 나는 생각합니다.
내 업적은 다 흘러간 과거입니다.
내 꿈도 날아가 버렸습니다.
그렇더라도 주님은 여전히 곁에 계십니다.
내가 아는 주님은 선하신 분이십니다.
이제는 나를 편안히 일으키시어
본향으로 주님을 향해 가게 하소서.

아버지와 아들,
그리고 성령님께 영광을 돌립니다.
맨 처음에 그러하였듯이 마지막까지도 항상
영원에서부터 영원까지.

이쪽저쪽
기웃거리지 않다

나무는 종종 인생에 비유됩니다. 서 있음, 쭉 뻗음, 자람, 빛과 공기를 받아들임, 변화, 열매 맺음 등이 그것입니다. 뿌리를 내리고 거기서부터 물을 빨아올리며 자라는 것 또한 우리네 인생을 연상시킵니다.

물론 이것만이 전부가 아닙니다. 내 집 창문 앞에는 고령의 자작나무 한 그루가 서 있습니다. 그것은 내게 위로를 주지 못합니다. 가을바람이 그 가지 사이를 훑고 지날 때 노오랗고 빠알갛게 물든 나뭇잎이 여지없이 흔들립니다. 물기 없는 잎들은 그 바람을 이기지 못하고 바닥으로 떨어집니다. 조금 지나면 앙상한 가지만 남고 그 위로 눈발도 날릴 것입니다.

나를 위로하고 싶은 사람은 이렇게 사라지는 것도 한순간뿐이라는 것을 받아들이게 하려 합니다. 마치 잠듦과 깨어남을 통해 아주 크고 새로운 재충전이 이루어지는 것과 같다고 말합니다. 그러면서도 낙엽은 두 번 다시 그 나무로 되돌아오지 않으며 그 나무 자신도 언젠가는 죽고 썩어지는 것에는 침묵합니다.

그 사람은 한 해 한 해가 흘러가는 것은 인간 존재에게는 아무런 의미가 없다고 말합니다. 그 죽음은 삶이 아니라 파괴라고 합니다. 떨어지는 가을철 나뭇잎만은 매우 아름답습니다. 인간에게 파멸은 질색할 일

입니다. 베르톨트 브레히트가 말합니다.(Den Nachgeborenen)

> 나는 고백한다,
>
> 희망이 없다고.
>
> 눈먼 자는 탈출구에 관해 이야기한다.
>
> 나는 본다.
>
> 이것이 오류였다는 것을 알게 되면
>
> 마지막까지 남는 동행자가
>
> 아무도 없다는 것을.
>
> − 브레히트(Bertolt Brecht)[2]

우리의 희망을 우리 자신의 생각이나 역사 변화에 건다면, 혹은 어떤 종류의 법률 제정이나 폐기에서 우리의 부활을 기대한다면 우리는 사실상 눈이 먼 사람입니다. 우리는 우리를 구원해 주리라고 생각하는 어떤 생활 법칙을 알기 때문에 희망을 갖는 것이 아닙니다. 우리 희망은 부활이 있다는 것 그 자체에 있습니다. 우리는 희망을 품고 있습니다. 이것은 우리 눈에 희망처럼 보이는 신기루로부터 벗어나는 것을 의미합니다.

우리는 우리에게 미련을 안겨주는 꿈이나 아주 짧은 기간에만 유효한 위로를 붙드는 데서 벗어납니다. 우리는 똑바로 갑니다. 우리는 다람 쥐 쳇바퀴 도는 듯한 순환과정이 깨어지는 시간을 기다립니다. 우리는

---

2) in: Gesammelte Werke, Frankfurt am Main: Suhrkamp Verlag, 1967.

하나님, 바로 그분을 기다립니다. 그분 안에서 우리는 영원하기를 기대합니다.

:: ::

지난 날 네 길에 다시 머물기를 원하지 말라.
길을 되돌아가거나 가던 길에서 벗어나려 하지 말라.
앞으로 나가지 않는 자는 뒤로 물러서는 것이다.
자신이 떠나왔던 그곳으로 뒷걸음치는 자는
퇴보하는 것이다.
그런 오류를 범하느니
절뚝거리더라도 자기 길을 가는 것이 더 낫다.

– 성 아우구스티누스(St. Augustinus)

:: ::

영원하신 하나님
나는 더 이상 이쪽
저쪽을 기웃거리지 않겠습니다.
이곳과 저곳에서
더 이상 내 작은 소망에 휘둘리지도
보잘 것 없는 내 생활에 얽매이지도 않겠습니다.
나는 더 이상 나로서가 아니라
오직 주님 안에 있는 자가 되겠습니다.

내 세월은 이미 흘러가 버렸어도
주님은 늘 한결같습니다.
나로 하여금 주님을 찾는데 소홀하지 않게 하소서.

나는 벗어나고자 합니다,
모든 실망과 거짓 희망들로부터.
주님 맞은편에 서겠습니다.
주님을 기다리며 찾습니다.
주님을 이해하며 믿겠습니다.

:: ::

영원하신 하나님
주님은 여기 계시고
나는 주님 곁에 있습니다.
죽음도 삶도
주님으로부터 나를 떼어놓을 수 없습니다.
더 이상 아무것도 바라지 않겠습니다.
주님 말고는 다 아무것도 아닙니다.

죽음으로 더 넓고
큰 세계로 들어간다

공의로우신 하나님
주님은 시간의 종말에,
내 인생의 끝에 심판이 있다고 말씀하셨습니다.
그리고 그 시간이 바로 지금이라고도 하셨습니다.
주님께서 내리실 판단 앞에 설 나는 두렵습니다.

내가 불의하기 때문보다는
주님 결정에 그대로 따라야만 하기에 두렵습니다.
주님을 떠나 행하는 것이 나를 주님으로부터 갈라놓습니다.
주님과 분리되는 것 그 자체가 이미 심판입니다.

내 인생 전체가 심판의 대상입니다.
나는 행하였고 주님은 심판하십니다.
눈에 보이는 내 행동들 가운데서 주님은 분별하십니다.
나는 비밀리에 행하였어도 주님은 다 아십니다.

나는 압니다,

주님께서 나를 부르실 때

아무것도 가져갈 수 없다는 것을.

내가 무엇이든 나의 마지막은 파멸입니다.

이 세상에서 가장 큰 파멸을 겪을 것입니다.

마지막까지 남을 것은 사랑 밖에 없다고

주님은 말씀하셨습니다.

이것이 진리입니다.

이것이 기준입니다.

이 기준에 미치지 못하는 것을

무덤들 앞에 설 때마다 나는 의식합니다.

버려질 수밖에 없는 타락

이것이 바로 나입니다. 나를 불쌍히 여기소서.

우리 모두를 불쌍히 여기소서.

:: ::

잠시 동안 겪는 시련에서도 우리는 스스로 위안을 찾지 못합니다. 저편에서 우리 인생의 영역 안으로 빛이 비추기 시작할 때 우리가 얼마나 비참한 존재인가 그리고 얼마나 위로받을 줄 모르는 존재인가 밖에는 깨달을 것이 없습니다.

오 주님, 아마 우리는 벌거벗은 모습으로 주님 앞에 설 것입니다. 주님께

서 아니 오직 주님만이 우리에게 새로운 옷을 입혀주실 유일한 분입니다.

– 떼이야르 드 샤르뎅(Maguerite Marie Teilhaerd de Chardin)

:: ::

사랑의 하나님

주님이 나를 변화시키실 때

아니 새롭게 창조하실 때

나는 압니다,

나는 그냥 살아 있을 것을.

주님은 나를 부르셨습니다,

내가 아주 미미할 때

주님 이름으로 세례를 받을 때.

내가 다시 살아날 때에도 나를 불러 주소서.

주님 나를 불러 주소서,

사랑의 빈곤에서 풍요로움으로

연약해진 믿음에서 진리로.

나는 다가서렵니다,

주님의 뜻에 따라 주님과 하나 되는 곳으로.

기도를 어떻게 드릴까요?

어둠만 있는 곳에서
주님은 빛을 창조하셨습니다.
내 영혼에 말씀해 주소서,
"빛이 있으라"고.
그곳에서 나는 주님 안에 살고
주님을 찬양하렵니다.

주님으로 인해 새로운 피조물이 된
나는 주님 안에 머무렵니다.
나를 주님 손안으로 내던집니다,
주님 안에 영원히 머물기 위하여
그 창조의 손길 안으로.

:: ::

사랑의 하나님!
나는 압니다,
주님께서 나를 변화시켜주셔야만
오직 주님께서 나를 새롭게 창조해주실 때에만.
살 수 있다는 것을.

나의 존재감이 아주 미미할 때
주님은 나를 부르셨습니다.

나는 주님 이름으로 세례를 받았습니다.
내가 살아 있는 동안에
주님,
나를 다시 한 번 불러주소서.

사랑이 없는 우리를 부르셔서
부유하게 해 주소서.
연약한 믿음을 진리로 이끄소서.
나는 주님께로 나오렵니다.
주님의 이름과 하나가 되렵니다.

모든 것이 흑암에 묻혀 있을 때
주님은 그것으로부터 빛을 빚어내셨습니다.
내 영혼에 말씀해 주소서.
'빛이 있으라!'
나는 주님 안에 살며 주님을 찬양하겠습니다.

주님을 통하여 나는 생존하며 새롭게 창조될 것입니다.
나를 지으신 주님 손에 나 자신을 온전히 맡깁니다.
나는 주님 안에 영원히 머물겠습니다.

:: ::

이 땅에서의 삶이 우리 각 사람에게 주어진 휴가라면, 죽음으로 가는 길 또한 그분께로 돌아가는 길이요, 우리가 이끌림을 받아야 할 길이 되어야 합니다. 이를 위해 우리는 인생의 방향을 하나님께로 향해야 합니다. 여기서부터 아주 좁은 문이 시작됩니다. 우리 각 사람은 그것을 깊이 생각하며 즐거워해야 합니다. 그것은 참 쾌적할 만큼 좁기만 하고 길지 않기 때문입니다. 이것은 마치 어린 생명이 어머니 뱃속모태에서 태어나 위험과 불안을 안고 하늘과 땅이 있는 이 세상으로 나가는 것과 같습니다.

또한 사람은 죽음의 좁은 문을 통과하여 인생으로부터 벗어납니다. 우리가 이 세상에 살 때에는 이곳이 아주 크고 넓어 보입니다. 그렇지만 하나님께서 우리에게 예비하신 저 하늘나라에 비하면 우리가 서 있는 이곳은 마치 어머니 모태처럼 그지없이 좁고 또 작습니다. 그러므로 기독교인에게 죽음은 '새로운 탄생'입니다.

그러나 죽음에 이르는 좁은 길에서 우리는 이 세상은 넓고 저 세상은 좁은 것처럼 느낍니다. 그리스도께서 말씀하셨습니다. "여자가 해산하게 되면 그때가 이르렀으므로 근심하나 아기를 낳으면 세상에 사람 난 기쁨으로 말미암아 그 고통을 다시 기억하지 아니하느니라"(요 16:21) 이와 똑같은 것을 죽음에 대한 불안감을 향해서도 말할 수 있습니다. 죽음을 통해서 우리는 넓은 세계와 큰 기쁨에 이르게 됩니다.

- 마틴 루터, 죽음을 준비하는 것에 관하여.[3]

:: ::

죽은 자들 가운데 첫 번째로 살아나신 주님,
주님은 친구인 나사로가 묻힌
무덤 앞에서 말씀하셨습니다.
'나사로야, 나오너라.'
그러자 그가 살아났습니다.
무덤에서 걸어 나왔습니다.

'거기서 나오너라' 라고
내 영혼에도 말씀해 주소서.
당연히 나도,
주님,
나오렵니다.
주님의 심판을 피하여 숨지 않겠습니다.
나는 빈손 들고
그러나 주님 음성을 들으며
주님께로 나오렵니다.

---

3) in: von der Bereitung zum Streben. Berlin, Verlag des Evangelischen Bundes, 1937.

기도를 어떻게 드릴까요?

살아계신 주님,

내게 생명을 주소서.

빛이신 주님,

나를 둘러싼 어둠을 제압해 주소서.

진리이신 주님,

내 주변에 뒤틀린 것들을 끝장내 주소서.

사랑이신 주님,

온갖 종류의 두려움에서 나를 해방시켜 주소서.

나는 주님의 것입니다,

주님께서 밝히시는 빛들의 나날들 가운데서,

내가 만드는 어둠의 나날들 중에서.

나의 들어오고 나감을

주님,

지금 그리고 영원히 지켜 주소서.

-《교회의 기도서》 중에서

:: ::

집 근처에 어둠이 깃들었습니다.

밤공기가 차갑습니다.

밤이 찾아와 우리를 덮었습니다.

밤은 깁니다.

깊은 밤 우리는 장님이 됩니다.
그 어둠이 우리를 놀라게 합니다.

창문을 스치는 찬바람에 오한이 듭니다.
많은 이들이 이미 내 곁을 떠났습니다.
젊은이에게도 연세든 어르신에게도
주님은 친절하십니다.
주님 팔로 따사롭게 안아주십니다.

그렇습니다!
사람도 짐승도 꽃도 나무도
주님의 위로로 충만해집니다.
깊은 잠, 감미로운 꿈이
마치 이불 속에 따스함 같이
찾아옵니다.

마치 숨결처럼
주님은 우리 곁에 항상 계시고
소리 없는 호흡처럼
침묵 가운데 우리를 덮어주십니다.
주님은 깊은 밤에도
우리에게 비추어줄 빛을 염두에 두십니다.

마치 낯선 시간의 흐름처럼

주님이 우리를 지나쳐 버리시면

우리는 불안에 휩싸입니다.

용기 주소서,

우리 시야를 넓혀 주소서,

주님의 길에 항상 머물 수 있도록.

차려주신 식탁에
감사드리다

아주 먼 옛날부터 빵과 포도주는 손님을 환영하는 상징이었습니다. 낯선 외지인이 머물 곳을 찾아 마을로 들어서면 사람들은 그가 이곳에 머물러도 좋다는 표시로 빵과 포도주를 대접했습니다. 어언 사천 년 전부터 그랬습니다. 살렘(예루살렘) 왕 멜기세덱이 그 예입니다. 아브라함과 그 무리가 자기 영역에 들어서자 그는 빵과 포도주를 갖고 나왔습니다.(창세기 14장) 그것은 양식을 가리키는 동시에 축제와 주어지는 복을 상징했습니다.

접시와 잔이 놓인 그림, 먹음과 마심, 식탁과 의자 또한 아주 오래 전부터 그런 것을 말해줍니다. 예수님이 제자들과 그리하셨을 때 그것은 성례전이 아니었습니다. 예수님이 '이것은 너희를 위해 주는 나의 몸이다'라고 말씀하실 때에도 그들은 무슨 일이 시작되는지 미처 몰랐습니다.

그 뒤에 일들이 계속 이어지고 나서야 그들은 함께하는 사람들 사이에 공동체(연대)가 형성되고 그분이 자신들을 걱정해주시기 때문에 그들 자신은 염려할 필요가 없다는 것을 비로소 깨달았습니다. 인생길에서 오랫동안 외롭게 방랑을 한 뒤에 그들은 마음의 고향을 찾고 모임(공동체)을 이루었습니다. 〈어느 겨울 밤〉이란 시에서 트라클(1887-1914)은 말합니다.

:: ::

창문에 눈 떨어질 때

저녁 종 길게 울려 퍼지고

많은 사람에게 차려진 식탁

그 집에 여유 넘치네

방랑하는 몇몇 사람들

어두운 골목길 지나 문으로 들어서네

황금빛 꽃 자비의 나무에 핀다

땅에서 나오는 시원한 즙으로

방랑자 조용히 들어서는데

고통이 문지방 단단하게 하고

그때 순수하게 빛나는 것

식탁에 놓인 빵과 포도주일세

    – 트라클 (Georg Trakl)⁴

---

4) Ein Winterabend, in: Die Dichtungen, Salzburg, Otto Müller Verlag.

:: ::

우리를 초대하시는 그리스도여
주님 주시는 빵과 포도주에 감사드립니다.
우리를 위해 주님께서 차려주신
식탁에 감사드립니다.
이 인생이 그릇된 길로 빠지지 아니하고
본향으로 향하게 하심에 감사드립니다.
우리가 두려움에 먹혀버리지 않고
지금 살아가게 허락하심에 감사드립니다.
주님은 인생이란 집의 주인입니다.
우리는 주님의 형제입니다.
우리는 주님을 신뢰합니다.

:: ::

주님
여기서 천 킬로미터나 떨어진 데 있는 우리 형제들을
주님은 알아보십니다.
우리가 무슨 기도를 드리는지
주님은 들으시며
우리를 위해 무엇을 하실지 주님은 보십니다.
오 주님
우리 형제들을 위해 기도드립니다.

그들이 아파하는 그것을 우리도 아파합니다.

우리 심장을 만져 주소서.
밑도 끝도 없이
너무 많은 것을 간구하지 않게 하소서.
아무 것도 갖지 않은 이들과
무엇이든 나누는 일에
우리가 깨어 있게 하소서.

양식이 없는 이들에게
주님,
밥이 되어주소서.
의가 없어 목마른 이들에게
주님,
함께 하소서.
큰 자동차 아름다운 집 많은 돈 등
모든 것을 가진 이들과
주님
함께 하소서.
주님,
그들도 우리처럼
주어진 인생에 만족하지 못한 채 살고 있습니다.

먹을 것이 없어 굶주리는 이들과 함께하소서.

그리고 접시에 음식이 아직 반 이상 남았는데도

내버리는 이들에게도 함께하소서.

우리는 모두 다 주님의 자녀입니다.

우리에게는 주님이 필요합니다.

주님의 사랑이 필요합니다.

이는 우리가 서로 사랑하기 위함입니다.

우리에게 복을 주소서.

그리고 이 세상에 사는 모든 형제자매에게 복을 주소서. 아멘.

– 가나에서 온 기도문[5]

---

5) in: Fritz Pawelzik(Hg.), Ich liege auf meiner Matte und bete - Afrikanische Gebete, Wuppertal: Aussaat-Verlag, 1961.

기도를 어떻게 드릴까요?

이런 일에 가슴 졸임이
무슨 소용이 있나

25 그러므로 내가 너희에게 이르노니 목숨을 위하여 무엇을 먹을까 무엇

을 마실까 몸을 위하여 무엇을 입을까 염려하지 말라 목숨이 음식보다 중

하지 아니하며 몸이 의복보다 중하지 아니하냐

26 공중의 새를 보라 심지도 않고 거두지도 않고 창고에 모아들이지도

아니하되 너희 하늘 아버지께서 기르시나니 너희는 이것들보다 귀하지

아니하냐

27 너희 중에 누가 염려함으로 그 키를 한 자라도 더할 수 있겠느냐

28 또 너희가 어찌 의복을 위하여 염려하느냐 들의 백합화가 어떻게 자

라는가 생각하여 보라 수고도 아니하고 길쌈도 아니하느니라

29 그러나 내가 너희에게 말하노니 솔로몬의 모든 영광으로도 입은 것이

이 꽃 하나만 같지 못하였느니라

30 오늘 있다가 내일 아궁이에 던져지는 들풀도 하나님이 이렇게 입히시

거든 하물며 너희일까 보냐 믿음이 작은 자들아(마 6:25-30)

:: ::

나의 사랑하는 살림꾼, 카타리나 루터, 박사님, 비텐베르크의 순교자 되

기를 자원하신 분, 나의 손발이 되어주시는 자애로운 부인에게

주님의 은총과 평화가 함께 하기를! 사랑하는 케테Käthe=카타리나의 애칭
요한복음과 소교리문답서를 읽으시기 바랍니다.

이 말을 하는 이유가 있습니다. 당신은 당신의 하나님을 위해 근심하십니
다. 마치 그분이 전능하지 않으신 것 같이, 그분이 루터 박사를 열 명이나
더 창조하셔야 할 것처럼. 집안 거실이나 아궁이 또는 새덫을 놓는 곳 등
돌아보아야 할 곳에 비해 나이가 많다고 걱정입니다.

당신의 걱정거리에서 나를 제발 놓아 주십시오. 내게는 당신뿐만 아니라
모든 천사들이 있습니다. 그들이 나를 염려해줍니다. 그들은 성탄절 구유
에도 전능하신 하나님 오른편에도 앉아 있습니다. 아멘.

－1546년 2월 8일 마틴 루터, 죽기 열흘 전에 쓴 글

:: ::

나는 걱정하지 않으렵니다.
죽음이 하늘에서 비처럼 떨어져 내려도
평화가 깨지고 전쟁이 터져도
편안하던 집에 사고가 생겨도.
내 근심 걱정이 이런 일에 무슨 소용이 있습니까?

나는 걱정하지 않으렵니다.

아침에 내가 깨어나지 않더라도

수많은 업무가 나를 짓눌러도

내가 해야 할 작은 일들이 아주 많습니다.

그것들은 내 생활에 꼭 필요한 것입니다.

그것들을 진지하게 받아들이더라도

나는 걱정을 하지는 않으렵니다.

난 걱정하지 않으렵니다.

늙어가며 병들고

잃어버리는 것이 늘어나더라도

내 힘이 줄어들더라도

장차 내 앞날에 어떤 일이 찾아올지 몰라도

이 모든 것들을 오직 주님만 아십니다.

주님께서 나를 걱정해주소서.

내가 살아가는 것은 주님께서 행하시는 일입니다.

내가 견뎌내는 것도 주님께로부터 온 것입니다.

만일 주님께서 나를 인도하지 않으시면

나는 아무것도 할 수 없습니다.

내게서 일어나는 일들은 모두 다 주님의 역사입니다.

나는 주님을 신뢰하렵니다.

주님 손안에 내 운명이 놓여 있습니다.

주님 손안에 인간과 민족들이 놓여 있습니다.

삶과 죽음도 그렇습니다.

내가 주님 말고 다른 누구를 신뢰할 수 있겠습니까!

:: ::

아무것도 염려하지 말고 다만 모든 일에 기도와 간구로, 너희 구할 것을
감사함으로 하나님께 아뢰라 그리하면 모든 지각에 뛰어난 하나님의 평
강이 그리스도 예수 안에서 너희 마음과 생각을 지키시리라(빌 4:6-7)

불안은 잠시 다녀가는 손님일 뿐이다

걱정거리가 우리를 짓누르면 우리 얼굴엔 웃음이 사라집니다. 불안에 대해 온 힘을 다해 맞설 수 있으면 좋으련만 우리는 혼란스럽기만 합니다. 단숨에 그것을 몰아내고 싶은데 오히려 그 안에서 우리 인생의 끈이 금방이라도 끊어질 듯 팽팽하기만 합니다.

불안은 우리 인생의 일부분입니다. 그것은 우리의 적이 아니라 우리에게 찾아온 손님입니다. 우리 하나님은 그것보다 더 강력하시다는 믿음 안에서 우리는 그를 받아들여야 할 것입니다. 손님은 언젠가는 떠나가기 마련입니다. 그것이 우리를 떠나갈 때가 되었을 때 우리는 그냥 보내버리면 됩니다.

:: ::

거룩하고 배려심 많은 카타리나, 비텐베르크에 사는 마음 넓은 나의 부인에게

그리스도 안에서 은혜와 평화가 가득하시기를, 지극히 거룩한 박사님! 당신은 잠도 제대로 자지 못할 정도로 우리에게 신경을 많이 써 주십니다. 우리 모두가 크게 감사드립니다.

당신이 우리를 위해 걱정을 그렇게나 많이 하기 때문에 우리 집 문턱은 마치 불에 탄 듯 새까맣고 딱딱합니다. 어제였습니다. 우리 머리 위에 돌이 떨어진 것 같았는데 이는 진실로 당신이 근심하는 덕분이었습니다. 마치 덫에 걸린 쥐처럼 우리 몸이 부수어진 듯했습니다. 이 모두가 당신께서 우리를 아주 많이 걱정해 주신 덕분입니다. 이틀 동안 우리 머리 위로 석회와 진흙덩이가 이슬비처럼 보슬보슬 떨어졌습니다.

어떤 분이 나타나 아주 간단하게 그 돌을 처리해 주실 때까지 그랬습니다. 그렇게나 크던 돌덩이가 한 움큼 모래알처럼 작아진 채 바닥으로 떨어졌습니다. 만일 주님이 보내시는 사랑스럽고 거룩한 천사가 우리를 보호하지 않는다면, 아마 우리는 당신의 그 거룩한 근심에 감사해 마지않을 것입니다. 나는 당신이 근심하기를 멈추지 않을까봐 근심합니다. 그 근심으로 인하여 세상이 우리를 삼켜버릴 것이고 우리 곁의 모든 것이 대적자로 될 것입니다.

당신은 '하나님께 너희 근심을 맡기며 기도드리라'는 신앙고백과 신앙을 가르치고 있습니까? 당신의 짐을 주님께 내어맡기십시오. 그분이 당신을 위해 걱정해주실 것입니다. 하나님을 찬양하는 우리는 우리 자신의 기쁨을 일에 빼앗기는 대신에 상쾌하고 건강할 것입니다. 하나님께서 그렇게 인도하십니다. 하나님께서 원하신다면 우리는 즐거이 구원받은 자리로 그리고 본향으로 향할 것입니다. 아멘 아멘 아멘. 당신의 거룩하고 자원하는 종. 마틴 루터.

－1546년 2월 10일 죽기 8일 전에 쓴 글

:: ::

우리 각 사람은 걱정하는 법을 배울 필요가 있습니다. 그렇지 않으면 걱
정하지 않음으로써 또는 걱정 그 자체에 먹혀버림으로써 멸망을 자초할
것입니다. 우리는 바르게 걱정하는 법을 배웠습니다. 지극히 높으신 분이
그것을 가르쳐 주셨습니다.

－ 키에르케고르[6]

:: ::

그리스도여

우리가 이 세상에 있는 한

근심이 끊이지 않습니다.

주님도 '지금은 너희가 근심하나'(요 16:22)라고 말씀하셨습니다.

주님은 능력있는 사람 대신에

두려움이 없는 사람을 찾으십니다.

주님도 '내 마음이 매우 고민하여 죽게 되었으니'(마 26:38)

라고 말씀하신 적이 있습니다.

그러면서도 주님은

주님 자신을 두렵게 하는 그 길을 뚫고 나가셨습니다.

---

6) in: Sören Kierkegaard, Der Begriff Angst(Gesammelte Werke 11/12), Emanuel Hirsch(Üs.& Hg.), Güterloher
Verlaghaus, 1952.

주님은 주님 자신의 두려움과
두려워하는 모든 이들을
주님 손에 올려놓습니다.
그리고 인도하십니다.

그런 식으로 나를 도우소서.
근심에 대항하려 들지 않게 하시고
주님께 그것을 내맡기게 하소서.
나 자신과 나의 근심 전체를
주님께 넘기게 하소서.
주님, 내게 평화를 주소서.

내 인생 길을 위해
모든 내적 불안을 주님께 맡길 힘을 주소서.
하나의 목적 곧 주님의 목적을 내다보는
나의 발을 굳건한 반석 위에 세우소서.

주님은 말씀하셨습니다.
"세상에서는 너희가 환난을 당하나 담대하라
내가 세상을 이기었노라"(요 16:33)
저는 이 세상사를 작게 여기렵니다.
그 대신 부활하신 주님을 거대하게 받아들이렵니다.

무슨 이유로
우리는 주님 이름으로 살지 않을까

존 헨리 뉴먼이 쓴 글입니다.

"하나님은 당신을 보십니다. 당신이 누구인지, 당신이 당신 그대로인지를 인격적으로 항상 지켜보십니다. 그분은 '내가 너를 지명하여 불렀나니'(사 45:4)라고 말씀하셨습니다. 그분은 창조하신 그 모습 그대로 당신을 보시며 당신을 이해하십니다. 그분은 당신 안에 있는 당신의 느낌과 생각, 당신의 처지와 마음의 소원, 당신의 장점과 약점 등 모든 것을 아십니다.

그분은 기뻐하는 당신과 슬퍼하는 당신의 모습을 보고 계십니다. 당신이 지닌 소망과 받는 시험들을 채워주십니다. 영혼이 소생하고 침체하는 순간순간마다 그분은 당신의 불안과 기억에 동행하십니다. 그리고 당신 주위를 둘러싸주시며 자신의 팔로 당신을 안아주십니다.

당신의 인생에 웃음이 있든지 눈물이 있든지 그분은 함께하십니다. 건강으로 피어나는 인생과 질병으로 나약해지는 인생에 함께하십니다. 당신의 손과 발을 부드러운 눈길로 바라보십니다. 당신의 음성에 귀를 기울이시며 당신의 마음 문을 두드리시고 숨 쉬는 당신과 함께 호흡하십니다.
당신은 결코 그분이 당신을 사랑하는 것만큼 당신 자신을 사랑하지 못합
니다."

– 뉴먼(John Hery Newman)[7]

:: ::

이런 나의 자아를 지금 내려놓습니다,
오 하나님,
주님과 나 사이에.

제하여 주소서,
오 하나님,
주님 은혜로
우리 사이에 가로놓인 나의 자아를.

– 만수르 알 할라이(페르시아, 9세기)

:: ::

은혜가 풍성하신 하나님,
내가 믿음 안에서 더 성숙해질 수 있을지를
나는 더 이상 시험하지 않으렵니다.

---

7) Predigt vom 5. Apr. 1835: A Particular Providence as Revealed in the Gospel, in: Parocial and Plain Sermons,
Vol. III., London: Rivingtons, 1881. P 125.

나는 주님을 경청합니다.

주님께 말씀을 드립니다.

이렇게 나는 잃어버린 주님을

찾고 또 찾습니다.

이런 나의 노력들이

나 자신을 보다 낫게 만들거나

경건하게 만들지는 나 자신도 잘 모릅니다.

내가 아는 것은 이것뿐

곧 내가 나 자신에 관해 스스로 생각하는 것들은

점점 덜 중요해진다는 것뿐입니다.

내 자신의 생각에 얽매이는 대신에

점점 더 자유로워지고 있습니다.

그러므로 이제 기도드립니다.

나의 하나님

내 사고방식을 주님 앞에 열어놓는

단순한 심장 밖에는 아무것도 하지 않겠습니다.

만물 안에 사는 내가

많은 사람 중에 섞여 그들과 함께 사는 내가

바라는 것은 이것뿐

곧 주님 안에 나의 평화가 있기를 원합니다.

:: ::

주님

오늘 하루 소란스럽게 생활한

우리 곁에 서소서.

어둠이 짙게 깔리고 밤이 되었습니다.

생존 열기가 서서히 가시고 하루 일과도 마쳤습니다.

주님

이제

우리에게 안락한 거처와 거룩한 휴식을 주소서.

그리하여 마침내 평화롭게 하소서.

우리 구주 예수 그리스도의 이름으로 기도드립니다. 아멘.

– 〈공동기도서〉 중에서

:: ::

주님,

주님을 찾는 모든 이에게

주님을 발견하게 하소서.

주님을 발견한 모든 이에게

주님을 새롭게 찾아 나서게 하소서.

우리의 찾음과 발견이

다 주님의 현존 안에서 이루어질 때까지.

– 헤르만 벳첼(Hermann Bezzel)

:: ::

나의 주님

내게 길을 열어주소서.

그리고 옛날에 누리던 자유를 되찾게 하소서.

지금 죽음 같은 이 생활에서 부활에 이르도록

예전의 내 생활을 다시 찾아내게 하소서.

나는 통치자가 되려고 태어난 것이 아닙니다.

함락 위기에 처한 성들과 섬들을

방어하기 위해 이 세상에 온 것도 아닙니다.

법률을 제정하거나 지방과 왕국을 지키는 일보다는

밭을 갈고 파는 일, 포도나무 가지를 치고 접을 붙이는 일이

제게는 더 알맞습니다.

로마 성 베드로 성당의 오른쪽 자리,

곧 자기 일을 다 마친 뒤 제자리를 잡는 사람들처럼

그 자리를 위해 나는 태어났습니다.

통치자의 지팡이보다는 낫이 내게 더 어울립니다.

때때로 나를 배곯게 만들 만큼 부담스러운

박사학위를 걸치고 불쌍하게 사느니보다는

내 자리에서 잘 조리된 수프를 배부르게 먹고 싶습니다.

네덜란드 산 침대보 위에 눕거나

검은담비의 모피 옷을 입고 살면서도

통치자의 근심 걱정을 껴안고 사느니보다는
여름철에는 상수리나무 그늘에 머물고
겨울철엔 오리털 넣은 잠옷을 입는 것이 더 나아보입니다.

하나님
경배 받으실 주님
모든 사람을 지켜 주소서.
나의 주님
영주들에게 말해 주소서,
나는 벌거벗고 태어났으며
벌거벗은 모습으로 살고 싶어 한다고.
나는 얻을 것도 없고 잃을 것도 없습니다.
나는 말하렵니다,
나는 이곳에서 빈털터리 통치자라서
아무것도 잃을 것이 없다고.
다른 총독들에게 이 섬을 맡기고
밭갈이를 하러 가는 것보다 좋은 것이 없다고.
산쵸 판타로 나는 태어났으며
산쵸로 살다 죽겠노라고.

- 미구엘 드 체르반테스(Miguel de Cervantes)

:: ::

하시딤 이야기.

위대한 성자인 랍비 수스야Sussja가 말했다.

> 하나님은 내게 묻지 않으십니다. '무슨 이유로 너는 모세가 아니냐'고. 그
> 대신 이렇게 물으십니다. '무슨 까닭에 너는 수스야가 아니냐'고. 하나님
> 은 내게 모세로 살지 말고 '너는 너답게' 곧 너는 수스야니까 수스야답게
> 살라고 하십니다.

:: ::

그렇습니다,

하나님,

주님은 내게 묻지 않으십니다.

'왜 너는 성자가 아니냐'고.

그 대신 이렇게 물으십니다.

'무슨 이유로 너는 네가 생각하는 네가 아니며,

내 이름으로 사는 자가 아니냐'고.

우리도 머물 만한
자리가 되게 하소서

이 세상은 주님의 집입니다.

이것을 내게 알려주신 주님께 감사드립니다.

내가 누리는 자유는 너무나 큽니다.

내 손안에 너무 많은 것이 주어져 있습니다.

내가 사는 공간은 너무 넓습니다.

행복으로 가는 길은 너무 깁니다,

그리고 의무의 길도.

이 세계는 마치 주님의 집이 아닌 듯 보일 때도 있습니다.

주님,

방황하는 우리 인간을 위해

주님께서 집을 예비하셨으니 감사드립니다.

주님,

내게 한계가 있음에 감사드립니다.

주님께서 설정하신 그것이

나를 지켜줍니다,

주님은 주님의 사람에게 아버지입니다.

:: ::

아버지

이 세상에 있는 각각의 집들로 인하여 감사드립니다.

그것들이 주님의 자녀들을 안전하게 지켜줍니다.

그들에게 안식과 다소간의 평정을 줍니다.

실수하고 방황하는 주님의 자녀에게

집을 짓게 도와주소서.

고향을 잃고 여기저기 부딪히며 살아가는 자녀에게

주님의 선하심과 신실하심에 의지하여

집을 짓게 도와주소서.

주님이 아버지이심을 보여주소서.

:: ::

주님이자 형제이신 그리스도여

주님은 이 세상에 살 집을 장만하지 않으셨습니다.

주님이 거주할 도시를 만들지 않으셨습니다.

주님 뒤쪽으로 문을 걸어 잠그지 않으셨습니다.

주님 말씀이 진정 우리가 머물 곳입니다.

주님 우리도 머물 만한 자리가 되게 도와주소서.

우리의 말로

우리가 하는 말을 듣는 사람들이

불안에서 벗어나 안도의 한숨을 내쉬게 하소서.

주님 이름이
거룩해지이다

'하나님' 이것은 인간이 쓰는 모든 말 가운데 가장 거북합니다. 다른 어떤 것도 이보다 더 더럽혀지고, 이보다 더 갈기갈기 찢기지 않았습니다. 바로 이런 이유로 나는 이것을 버리지 않으렵니다. 인간 종족은 불안한 자기 인생의 짐을 여기에 떠넘겼습니다. 그리고 그것을 바닥에 패대기쳐 버렸습니다. 그것은 먼지 구덩이에 파묻혔으며 그들의 모든 짐을 짊어졌습니다.

– 마틴 부버[8]

:: ::

주님,
세상의 주인이시여
우리는 주님을 향해 아버지라 부릅니다.
이것이 주님의 이름입니다.
그러면서도 우리는 주님에 관해 천 번 만 번 이야기합니다,

---

8) in: Martin Buber, Begegnung- Autobiographische Fragmente, Stuttgart: Kohlhammer Verlag, 1960.

아무런 사랑도 경외심도 없이.
그렇지만 주님 이름 안에는 분명히
가장 소중한 것이 들어 있습니다.
그것은 우리에게 위임되어 있습니다.
주님은 우리에게
무엇을 하든 뜻깊은 행복과
의미 있는 노력을 찾으라 하십니다.

우리의 멍한 행동 앞에서
주님 이름을 보전하소서
우리의 불신앙과 무관심 앞에서
우리를 지켜주소서

내가 주님을 언급할 때
나를 도와주소서.
이로써 나는 다른 사람을 위로하고자 합니다.
주님의 이름으로 나는 그들을 평온하게 하겠습니다.
나는 그들의 인내심을 북돋겠습니다.
나는 그들을 주님의 이름으로 축복하겠습니다.
하늘에 계신 아버지여.

주님 나라가 임하소서

하늘에 계신 우리 아버지여
주님 나라통치가 오는 것에
주님께 감사드립니다.
이 지상에서 자리를 차지하고 있는
세상 권력이 모두 다 종말을 고하고
폭력이 사라지게 하시며
인간을 우상화하는 것도 제거하고
국민을 억압하는 것도 없애심에 감사드립니다.

주님의 나라가 오는 것에
주님께 감사드립니다.
사람이 있는 곳에서
주님 뜻이 유효하고
주님 이름이 거룩해지는
주님 나라를 세우는 일을 시작하도록
우리를 도와주소서.
주님의 나라가 오리라고

주님은 우리에게 약속하셨습니다.

마지막 때에 권세자들도 모두 주님을 섬기며 찬양할 것입니다.

주님 뜻이
이루어지이다

거룩하신 하나님

주님이 계신 곳에서는 어디나 주님의 뜻이 이루어집니다.

이 세상 안 모든 곳

우리 눈이 가는 곳곳에

주님의 뜻이 가득 가득합니다.

그리고 주님이 정해 놓으신 신비한 일들이 가득 넘칩니다.

우리에게는 숨겨져 있는

보이지 않는 주님의 세계에서

그것은 주님을 섬기는 거룩한 사역자들을 통해 이루어지고 있습니다.

우리가 굳이 청할 이유가 없습니다.

그것은 이미 이루어졌습니다.

그렇지만 우리가 인간으로 존재하는 곳에서는

그것은 이럴 때에만 이루어집니다,

곧 주님의 뜻에 기회를 부여할 때에만.

우리 손길이 닿는 곳

우리 생각이 향하는 곳

우리 의지가 뻗어나가는 곳
그곳에 주님의 뜻이 이루어지지 않을 위험이 있습니다.

나를 도우소서, 주님의 뜻을 받아들이도록.
주님 뜻을 본받아 살아가게 나의 뜻을 조성하여 주소서.
한 걸음 더 나아가서 나에게서 나의 뜻을 빼앗으시고
하나의 다른 뜻 곧 주님의 뜻에 걸맞는 것을 주소서.
내가 이렇게 기도드릴 수 있게 도우소서.
'주님의 뜻이 이루어지이다.'
그리고 기뻐하게 하소서,
비록 그것이 내 소원과 어긋나게 이루어졌을 때에도.

왜냐하면 성취가 있는 그곳에
우리 인생의 의미도 함께 이루어져야 하기 때문입니다.
만일 그것이 주님의 뜻이 아니라면
어떻게 주님의 뜻에 합당하게 완성되어야 하겠습니까?

주님께 간구합니다.
주님의 뜻이 이루어지게 해 주소서,
하늘에서뿐만 아니라 이 땅 위에서도,
그리고 이 세상에 널리 이루어질 뿐만 아니라
나에게서도 그리고 나를 통해서도.

기도를 어떻게 드릴까요?

오늘 일용할
양식을 주소서

우리가 '우리의 일용할 양식…'을 이야기할 때

그것은 평화롭게 살기 위해 우리에게 필요한 모든 것을 의미합니다.

양식은 평화입니다.

주님의 권능 아래 보호받는 평화를 우리는 간구합니다.

주님의 사려 깊은 손안에서의 평화를.

굶주림이 아니라 먹음, 이것이 평화입니다.

목마름 대신에 마심

꽁꽁 얼어붙는 대신에 따스함, 이것이 평화입니다.

한 집 안에서 보호받음

일할 수 있는 것

그리고 자신의 능력을 발휘할 수 있게 허용되는 것,

이 모든 것이 평화이며

일용할 양식입니다.

신뢰할 수 있는 사람이 하나라도 있는 것

외로움에 시달리지 않게 해 주는 사람

다툼과 미움, 정쟁의 지옥에서

불안에 떨지 않게 해 주는 사람

자녀 때문에, 부모님 때문에

또는 친구 때문에 초조하지 않게 해 주는 사람

죽음의 기계에 자기 인생을 내맡기지 않는 것

이 모든 것이 우리 모두에게 날마다 필요한 양식입니다.

그리고 우리가 날마다 감사드려야 할 것들입니다.

주님은 우리 모두에게 양식과 빵을 베풀어주셨습니다.

우리가 평화를 향유하는 햇수만큼,

이제는 이 세상에서 굶주리며 사는 사람들에게

우리 자신이 양식이 되게 하소서.

양식과 멀리 떨어져 굶주리는 사람들을 위해,

가까운 곁에서 우리의 말을 필요로 하는 사람들을 위해.

하늘에 계신 우리 아버지여,

우리 모두에게 일용할 양식을

우리 모두의 손을 통하여

그리고 우리 모두의 말을 통하여 주소서.

:: ::

주님,

우리를 만들고 많아지게 하고 번성하게 하소서,

그리하여 누구에게나 가 닿게 하소서.

굶주린 자들과 고아들을 위하여

갈망하는 자들과 간구하는 자들을 위하여

있는 그대로 받아들이는 이들을 위하여

하나님을 찬양하는 이들을 위하여

그리고 그런 것을 향해서도 감사하지 않고 그냥 가는 자들을 위하여.

– 러시아에서 온 씨 뿌리며 드리는 기도[9]

9) in: Wladmir Lindenberg, Die Menschheit betet-Praktiken der Meditation in der Welt, Müenchen: Ernst Reihardt Verlag, 1956.

우리 죄를 용서하소서

아버지여,
우리가 우리에게 죄 지은 자를
사하여 준 것 같이
우리 죄를 사하여 주옵소서.

아닙니다,
아버지여,
이런 것이 기준이 될 수 없습니다.
우리를 우리의 죄에서 용서하소서.
비록 우리가 천 번이라도
다른 이를 용서하지 못하더라도.

:: ::

아버지여,
나는 용서하렵니다.
겉으로만 그렇게 하지 않게 나를 도와주소서.
내가 관대한 사람이라 복수심을 포기하는 것이 아닙니다.

마음이 지쳐서 잊고자 함이 아닙니다.

용서로 나의 선함을 증명해 보이고자 함도 아닙니다.

다만 다른 자리로 가고 싶습니다

곧 그의 죄와 다른 편

곧 그가 선 자리와 다른 곳에 있고 싶습니다.

나는 내 권리를 내려놓으렵니다.

그리고 그와 함께 새로 시작하렵니다.

불신하는 마음을 계속 유지하지 않으렵니다.

다만 나를 주저하게 만드는 것 모두를 내 뒤로 보내버리렵니다.

이를 위해 주님의 친절하심만을 가지고 가겠습니다.

나는 자기방어 없고 비난 없이 가는

첫발을 내딛으려 합니다.

그리고 쓴 뿌리를 남겨두고 가지 않으렵니다.

:: ::

아버지여,

우리 생활의 작은 영역에서부터

주님의 나라를 나는 모방하렵니다.

죄지은 자들을 마음으로 받아들이겠습니다.

그들과 함께 살며 그들에 대한 신뢰를 회복해 나가겠습니다.

그들의 우정에 나 자신이 매료되게 하겠습니다.

우리는 주님의 집에서 같이 살렵니다.
그리고 주님의 평화를 위해 기도드리겠습니다.

우리를 용서하소서,
아버지여,
우리가 서로 용서하는 것보다 더 많이.
자비를 베풀어주소서.

우리를 시험에 들게 하지 마소서

"우리를 시험에 들게 하지 마소서"라고
우리는 기도를 드립니다.
여기서 우리는 우리 마음을 사로잡는 작은 시험들이나
정신적 혼란이나
우리가 몰입하는 고난들을 말하는 것이 아닙니다.
그보다는 아주 큰 시험들을 말합니다.

하늘에 계신 아버지!
의미가 눈에 띄지 않는 일들이 아주 많습니다.
다음과 같이 말하지 않게 우리를 지켜주소서.
'그 어떤 것이든 내게는 의미가 없다.'
이런 시험에 들까 봐 우리는 두렵습니다.

세상에는 거짓이 아주 많습니다.
다음과 같이 말하지 않게 우리를 지켜주소서.
'세상에 진실이란 없다.'

평온하게 살기 위한 기도

고난이 아주 많습니다.

고통도 아주 많습니다.

다음과 같이 말하지 않게 우리를 지켜주소서.

'시련을 받아주시는 하나님은 없다.'

폭력이 곳곳에서 기승을 부리고 있습니다.

악도 그러합니다.

다음과 같이 말하지 않게 우리를 지켜주소서.

'악한 세력이 강력합니다. 그에 대한 폭력은 정당합니다.'

우리를 시험에 들게 하지 마옵소서,

주님께서 가까이 계시는 것을 의심하거나

주님의 권능과 통치를 의심함으로.

우리를 시험에 들게 하지 마옵소서,

거짓말을 주님보다 더 강력하게 여김으로

불의를 주님의 정의보다 더 강하게 여김으로.

우리를 시험에 들게 하지 마옵소서,

주님의 손을 놓아버림으로,

우리를 세상에 내세움으로.

거짓과 폭력과 불의와 타협함으로.

주여, 우리 손을 굳게 잡아주소서.

우리를 악에서 구원하소서

우리를 악에서 구원하소서.

아버지,

우리는 압니다,

마치 쇠사슬에 묶인 것과 같이

우리가 포로인 것을.

우리는 믿지 않는 자가 되기보다는

믿는 자로 살고 싶습니다.

우리는 사랑하며 살고 싶습니다.

그런데도 거의 우리 자신만 사랑하고 있습니다.

우리는 진리를 따르고 싶습니다.

그런데도 우리는 거짓에 수도 없이 무릎을 꿇습니다.

우리는 주님을 섬기고 싶습니다.

그런데도 주님을

진실로 주님이 주인이신 것을 믿지 못합니다.

아버지,

우리를 자유하게 하소서.

우리가 사탄이라 부르는 저 어두운 권세로부터

우리를 해방시켜 주소서.

무엇보다도 우리 자신으로부터 우리를 해방시켜 주소서.

주님은 그리하실 수 있습니다.

우리는 압니다,

주님은 그것을 하실 수 있음과

그렇게 하실 것임을.

왜냐하면 장차 영원히 주님의 자유로운 자녀가 되기 위하여

우리가 들어갈 그 나라가

주님의 것이기 때문입니다,

모든 권세의 마침표를 찍을 권세가

주님의 것입니다.

영광이 주님의 것입니다.

곧 우리가 그 안에서 주님을 뵙게 될

빛나는 광채,

빛의 충만함이

영원합니다.

:: ::

기도를 드리며 우리는 단지 앞으로 계속 나아갈 뿐이다.

기도를 멈추는 그곳에

이해하기 역시 끝난다.

– 라인홀드 슈나이더[10]

∷ ∷

하나님의 신비를 사람이 다 알아낼 수 없다.

사람은 그것을 놓고 기도드릴 뿐이다. –

빌헬름 폰 훔볼트

---

10) in: Reinhold Schneider, Das Vaterunser, Friburg i. Br., Herder Verlag, 1978.

나는 노래 부르렵니다.
나의 노래를.
나는 주님을 찬양하렵니다.
만물들이 부르는 찬송에서
주님 음성을 들으렵니다.

주님 영광 받으소서,
지구의 창조자시며 그 힘의 원천이시여.
주님 영광 받으소서,
열기와 불,
바람 부는 곳에 계신 성령님,
물 흐르는 곳에 계신 지혜의 주님.

나는 나의 노래를 부르렵니다.
바람 부는 곳에서
그 노래를 부르며 주님 안에 들리게 하렵니다.

chapter
4

찬양으로
드리는
기도

내 영혼의
유일한 애인은 주님이다

독일에는 로만틱 양식으로 지어진 교회당들이 있습니다. 입구에서 중간을 지나 앞으로 쭉 들어가 보면 활처럼 둥근 모양으로 굽어진 부분이 나오고 거기에 제단이 있습니다. 그 뒤쪽에는 둥근 기둥들이 있고 또 둥글게 휘어진 서까래들이 있습니다. 그것들은 반원을 그리며 창문이 있는 곳까지 내려옵니다.

이런 공간들 정중앙 꼭대기의 둥근 부분에서부터 줄로 매달린 십자가가 내려옵니다. 그것은 땅 위에 서 있는 모양이 아니라 하늘로부터 우리가 사는 이 세상으로 파고 들어오는 듯이 보입니다.

또 어떤 곳에는 제단 위 둥근 찬양대 기둥 위로 보좌에 앉으신 그리스도의 상이 인상 깊게 자리 잡고 있기도 합니다.

:: ::

전능하신 하나님,
주님은 영원한 임금이십니다.
주님은 빛 안에 거하십니다.
그리고 이 세상은 주님의 발판입니다.

기도를 어떻게 드릴까요?

이 지구가 주님을 찬양합니다.
사람들은 주님께 영광을 돌립니다.

주님,
주님 앞에서 우리 인간이 도대체 무엇이라고
주님께서 우리를 이토록 생각해 주십니까?
우리는 주님께서 우리에게 베풀어주시는
자비와 신실함을 누릴 가치가 없는
아주 작은 존재입니다.

전능하신 하나님,
영원하신 임금님,
주님을 찬양합니다.
우리의 이 보잘것없는 감사의 마음과
이 적은 믿음도 받아주소서.

:: ::

주 하나님,
존재하는 모든 것들을 주님께서 창조하셨습니다.
존재하는 모든 것들이 주님의 생각을 이야기해 줍니다.
살아계신 하나님,
존재하는 모든 것들이 주님의 지혜를 찬양합니다.

전능하신 하나님,

존재하는 모든 것 안에 주님의 뜻이 채워져 있습니다.

내 안에도 역시 그렇습니다,

거룩하신 하나님이시여.

존재하는 모든 것 안에서 나는

찬란한 주님의 신호를 봅니다.

주님은 내 위에 우산이십니다.

주님은 내 아래 땅이십니다.

주님은 높이요 깊이입니다.

나는 주님 안에 존재합니다,

나는 주님을 찬양합니다.

영화로우신 하나님.

:: ::

주님,

나의 희망은 주님에게 있습니다.

언제쯤이나

주님을 바로 볼 수 있는 그곳에 도달할 수 있을까요?

사슴이 맑은 물이 있는 곳으로 치닫듯이

내 영혼이 주님을 향하여 내달립니다,

하나님.

오, 주 하나님,

주님은 주님의 빛나는 광채 안에서

우리가 바라볼 빛이 되어주소서.

물론 우리가 홀로 주님을 바라볼 뿐만 아니라

또한 주님과 함께 생활하게 하소서.

주님과 함께 생활할 뿐만 아니라

또한 주님과 함께 기뻐하게 하소서.

주님과 함께 기뻐할 뿐만 아니라

또한 주님의 천사와 같아지게 하소서.

주님의 천사들과 같아질 뿐만 아니라

또한 주 하나님,

우리가 찬양 드리는 바로 그분이신 주님과 같아지게 하소서.

－요한 게르하르트

:: ::

오, 나의 유일하고도 진실하신 사랑이시여,

주님은 내 영혼의 유일한 애인입니다!

내가 진정 주님을 사랑하기 위하여

바로 지금 나는 주님을 사랑합니다.

오늘이 어떤 날입니까!

밤이 없는 긴 대낮,

영원한 대낮입니다!

지금은 나도 완전히 달라졌습니다,

내가 죽어가는 육신이라 느낄 때보다는

주님의 모든 영광을 나에게서 빼앗아가는

오만 가지 생각으로 혼란스럽게 갈팡질팡하던 때보다는.

오, 하나님,

나의 주여,

나의 모든 죄악이 내게서 벗겨지는 그때에는

내가 온전하고 순수하게 주님 앞에 서는 때에는

그리고 아무 두려움 없이 주님 곁에 가까이 있게 될 때에는

나에게 어떤 날이 될까요?

오, 나의 하나님,

나는 주님을 뵈올 만한 가치가 없는 사람입니다.

그렇지만 나는 주님 나라를 찾으렵니다.

그리고 지금 여기서 주님이 내게는 거절하신

주님의 그 충만하심을 갈망하렵니다.

주님께 기도드리며 나 자신을 주님께로 몰고 가는 것만이

내가 갈 생명의 길입니다.

－존 헨리 뉴먼[1]

---

1) in: John Henry Newman, Meditations and Devotions, London: Longmans, Green and Co., 1903

모든 예지와 일솜씨가
그분 손안에 있다

1 나도 죽어야 할 인간일 뿐이다, 다른 이들이 다 그러하듯이. 난 흙으로 빚어진 첫 사람의 후손이다. 어머니 뱃속에서 나는 한 몸으로 형성되었다.

2 한 남자의 씨와 잠자리의 쾌락을 통하여 열 달 동안 피로 뭉쳐졌다.

3 나도 태어나서는 같은 공기를 들이마시고 같은 땅에 떨어졌으며 첫 소리도 다른 모든 이와 마찬가지로 우는 것이었고

4 포대기에 싸여 보살핌을 받으며 자라났다.

5 임금도 모두 인생을 똑같이 시작한다.

6 삶의 시작도 끝도 모든 이에게 한가지다.

7 그래서 내가 기도하자 나에게 예지가 주어지고 간청을 올리자 지혜의 영이 나에게 왔다.

8 나는 지혜를 왕홀과 왕좌보다 더 좋아하고 지혜에 비기면 많은 재산은 아무것도 아니라고 생각하였으며

9 값을 헤아릴 수 없는 보석도 지혜와 견주지 않았다. 온 세상의 금도 지혜와 마주하면 한 줌의 모래이고 은도 지혜 앞에서는 진흙처럼 여겨지기 때문이다.

10 나는 지혜를 건강이나 미모보다 더 사랑하고 빛보다 지혜를 갖기를 선

호하였다. 지혜에서 끊임없이 광채가 나오기 때문이다.

11 지혜와 함께 좋은 것이 다 나에게 왔다. 지혜의 손에 헤아릴 수 없이 많은 재산이 들려 있었다.

12 지혜가 이끌고 왔으므로 나는 그 모든 것을 즐겼다. 그러나 그것들이 지혜의 소산임을 몰랐다.

13 나는 욕심 없이 배웠으니 아낌없이 나누어 주고 지혜가 지닌 많은 재산을 감추지 않는다.

14 지혜는 사람들에게 한량없는 보물, 지혜를 얻은 이들은 그 가르침이 주는 선물들의 추천으로 하나님의 벗이 된다.

15 하나님께서 내가 당신의 뜻에 따라 말하고 내가 받은 것들에 맞갖은 생각을 하게 해 주시기를 빈다. 그분께서 바로 지혜의 인도자이시고 현인들의 지도자이시며

16 우리 자신과 우리의 말이, 모든 예지와 일솜씨가 그분 손안에 있기 때문이다.

17 바로 그분께서 만물에 관한 어김없는 지식을 주셔서 세계의 구조와 기본 요소들의 활동을 알게 해 주셨다.

– 솔로몬의 지혜서 7:1-17

22 모든 것을 만든 장인인 지혜가 나를 가르친 덕분이다. 지혜 안에 있는 정신은 명석하고 거룩하며 유일하고 다양하고 섬세하며 민첩하고 명료하고 청절하며 분명하고 손상될 수 없으며 선을 사랑하고 예리하며

기도를 어떻게 드릴까요?

23 자유롭고 자비롭고 인자하며 항구하고 확고하고 평온하며 전능하고
모든 것을 살핀다. 또 명석하고 깨끗하며 아주 섬세한 정신들을 모두
통찰한다.

24 지혜는 어떠한 움직임보다 재빠르고 그 순수함으로 모든 것을 통달하
고 통찰한다.

25 지혜는 하나님 권능의 숨결이고 전능하신 분의 영광의 순전한 발산이
어서 어떠한 오점도 그 안으로 기어들지 못한다.

26 지혜는 영원한 빛의 광채이고 하나님께서 하시는 활동의 티 없는 거울
이며 하나님 선하심의 모상이다.

27 지혜는 혼자이면서도 모든 것을 할 수 있고 자신 안에 머무르면서 모든
것을 새롭게 하며 대대로 거룩한 영혼들 안으로 들어가 그들을 하나님
의 벗과 예언자로 만든다.

28 그래서 하나님께서는 지혜와 함께 사는 사람만 사랑하신다.

- 솔로몬의 지혜서 7:22-28

주님의 아름다움 속에
거닐게 하소서

시편은 사람에게만이 아니라 돌과 나무와 산악에게도 하나님을 찬양하라고 요청합니다. 시편은 나무가 하나님의 선물이라고 합니다. 그것은 하나님의 계획을 알려줍니다. 그것은 하나님의 창조 능력을 스스로 내보일 때 완전해집니다. 나무가 나무다운 그 모습으로 존재할 때 그것은 하나님을 '찬양하는' 것이며 자신의 주인을 증거하는 것입니다.

별들도 빛을 발함으로써 하나님을 찬양합니다. 두더지는 땅 속에 돌아다님으로써 하나님을 찬양합니다. 왜냐하면 하나님께서 그렇게 하기를 원하시기 때문입니다. 하나님은 그렇게 만드셨습니다.

인간은 하나님 음성을 듣고 이해하고 반응하도록 하나님께서 계획하셨습니다. 인간은 그분께서 정해 놓으신 것을 성취함으로써 곧 자신을 만드신 하나님을 사랑하고 신뢰함으로써 그분을 찬양합니다. 그는 이렇게 자신의 주인을 드러냅니다. 인간이 하나님을 향해 반응하는 것들 가운데 가장 온전한 것은 하나님을 찬양하는 것입니다. 하나님을 드높이는 가운데 그는 완전한 자유를 얻으며 자기 스스로 인간다운 모습으로 되어갑니다.

:: ::

우리 주님은 위대하십니다. 그분 권능은 크고 그분 지혜는 한이 없습니다. 해와 달과 별들이 그분을 찬양합니다. 항상 그들만의 언어로 창조주 하나님께 영광의 찬양을 올립니다.

너희 천상의 하모니들이여, 그분의 진리가 실현된 것의 증인이자 확인자들이여 그분께 찬양을 올리어라. 그리고 너, 내 영혼아 평생 동안 하나님의 영예를 노래하여라! 그분으로부터 그분을 통하여 그리고 그분을 위하여 눈에 보이는 것과 보이지 않는 모든 것이 존재하는도다. 오직 그분에게만 영광과 존귀함이 영원에서 영원까지 있도다.

나는 창조주이자 주인이신 주님께 감사드립니다. 주님께서 나에게 주님 창조 안에서 기쁨을 누리게 하셨습니다. 주님 손으로 만드신 작품들에 관하여 본래 모습을 회복시킬 방편을 선물로 주셨습니다. 나는 주님 작품들의 영광을 사람들에게 전파하였습니다. 유한한 내 영혼이 주님의 무한하심을 감지할 수 있는 범위 안에서. 내가 말한 그곳에 주님께 합당하지 못한 것들이 있다면 또는 내 자신의 영예가 드러나게 한 곳이 있다면 주님 은총 안에서 나를 용서하소서.

　-요한네스 케플러

:: ::

　오, 위대하신 성령이시여, 바람에게서 나는 성령님의 음성과 온 세상에 생명을 불어넣으시는 성령님의 호흡을 취합니다. 내 기도를 들으소서. 주 성령님의 수많은 자녀 중 하나인 나는 주님께로 다가섭니다. 나는 작고 또 연약합니다. 나에게는 주님의 능력과 지혜가 필요합니다. 나에게 주님의 아름다움 속에 거닐게 하소서. 해가 지는 때의 붉고 찬란한 빛을 내 눈이 보게 하소서. 내 손은 주님께서 창조하신 것들을 존중하게 하소서. 내 귀는 주님 음성을 듣게 하소서.

내게 지혜를 선물로 주소서. 그리하여 주님께서 내 백성에게 가르쳐주신 일들과 각각의 페이지와 바위에 숨겨놓으신 일들을 다 알아차릴 수 있게 하소서.

내 형제들을 고려하기 위하여 내가 힘이 필요한 것이 아닙니다. 그보다는 나의 거센 적들과 대결하기 위해서 그리고 나 자신을 위해서 힘이 필요합니다.

내게 깨끗한 손과 바른 시선으로 주님께 나오도록 늘 준비하게 하소서, 비록 지는 태양처럼 내 인생이 퇴색하는 때에라도 내 영혼이 부끄럼 없이 주님께로 나아올 수 있기 위해서.

– 시욱(Sioux)의 기도

:: ::

오, 세상의 주여,
하늘 높은 곳으로부터, 바다 깊은 곳으로부터
내 기도를 들으소서.

어느 곳에서나 주님께서 원하시는 곳에서,

세상의 창조주시여,

인간을 지으신 이시여,

모든 주의 주시여.

동경심으로 가득 찬 채로, 주님을 알고자

주님을 향하여 연약한 안목을 지닌 내가 나옵니다.

주님은 나를 보십니다. 주님은 나를 아십니다.

해와 달, 낮과 밤, 봄과 겨울,

그들 모두가 주님 명령에 달리듯이 빠르게 순종합니다,

그들에게 정해진 자리들에서 주님이 정해주시는 곳을 향하여.

그들은 제시간에 목적지에 도달합니다,

어느 곳이든 주님께서 명령하신 자로 그곳으로.

오, 내 기도에 귀를 기울여주소서.

주님께서 선택하신 자로 나를 만들어주소서.

내가 지칠 때까지, 죽을 때까지 기다려주지 마소서.

- 잉카의 기도

내 심장이 그 소리를 듣다

영혼은 사람이 기뻐하는 그 자리로부터

그 자신에게 가까이 다가옵니다.

– 성 아우구스티누스[2]

:: ::

하나님을 기뻐하는 노래 안에서

존재하는 모든 것은 조화로워질 것입니다.

:: ::

할렐루야 하늘에서 여호와를 찬양하며 높은 데서 그를 찬양할지어다

그의 모든 천사여 찬양하며 모든 군대여 그를 찬양할지어다

해와 달아 그를 찬양하며 밝은 별들아 다 그를 찬양할지어다

하늘의 하늘도 그를 찬양하며 하늘 위에 있는 물들도 그를 찬양할지어다

그것들이 여호와의 이름을 찬양함은 그가 명령하시므로 지음을 받았음이

로다

---

2) in: Aurelius Augustinus, Bekenntnisse. 13권 27장.

그가 또 그것들을 영원히 세우시고 폐하지 못할 명령을 정하셨도다

너희 용들과 바다여 땅에서 여호와를 찬양하라

불과 우박과 눈과 안개와 그의 말씀을 따르는 광풍이며

산들과 모든 작은 산과 과수와 모든 백향목이며

짐승과 모든 가축과 기는 것과 나는 새며

세상의 왕들과 모든 백성들과 고관들과 땅의 모든 재판관들이며

총각과 처녀와 노인과 아이들아

여호와의 이름을 찬양할지어다 그의 이름이 홀로 높으시며 그의 영광이

땅과 하늘 위에 뛰어나심이로다

그가 그의 백성의 뿔을 높이셨으니 그는 모든 성도 곧 그를 가까이하는

백성 이스라엘 자손의 찬양받을 이시로다 할렐루야(시 148)

:: ::

오, 세상의 주인이시여!

주님을 향해 나 노래합니다.

내 주변 모든 것이 마치 꽃처럼 피어났습니다.

온 세상은 복을 받았으며 기쁨으로 가득 찼습니다.

주님을 향해 난 노래합니다.

지금 이 이슬이 얼마나 빛나는지요!

각양각색의 새들이 얼마나 환호하는지요!

악기에서 흐르는 선율이 세상 어디에나 있습니다.

주님을 향해 모든 것이 다 영광을 돌립니다.

우주의 창조자이신 주님, 하나님을 향하여!
주님만이 홀로
찬양의 샘이십니다.
왜냐하면 하늘에서 처음 노래가 생겨났기 때문입니다.
아아, 오직 하늘에서만 하나님의 음성이 빛을 발하였습니다.
신들에게 사랑받는 새,
그리고 거룩한 새들이 돌림노래를 부르며 찬양합니다,
세상을 창조하신 분이 주신 상급을 칭송하며.

내 심장이 그 소리를 듣습니다.
그리고 과거의 어두웠던 모든 비밀을
나는 바람에 실려 보내렵니다,
내 안의 경이로움 또한 끌어올리기 위하여.
한도 끝도 없이 빛나는 하늘로
그리고 저 높은 곳에서 함께 소리를 발하기 위하여,
노랑 새들이 노래하는 곳에서
하늘의 하나님께서 주신 상급을 향하여

아아, 이 땅에서 나는 울지 않으렵니다.
지상에서 꿈꾸는 집은 무너지지 않을까요?
아아, 나는 압니다, 이 땅에 있는 것들 모두에게는
끝이 있음을, 마치 우리 인생에게 마지막이 있는 것처럼.

주님을 향하여, 나 노래하렵니다, 우주의 터전이시여.

하늘에서 내 영혼이 주님을 노래하게 하소서.

주님께서 그것을 기쁘게 보실 것입니다.

주님, 주님을 통하여 우리는 살아갑니다.

- 고대 멕시코의 찬양 중에서[3]

---

3) in: Günter Lanczkowski(Hg.), Frphwelkende Blumen-aztekische Gesänge, Freiburg i. Br.: Verlag herder, 1983.

하나님의 영광을 나 노래하리

하나님,

나는 주님을 찬양합니다.

이는 주님의 진리로 나를 현명하게 만드시는 까닭입니다.

죄로 물든 한 인간을 향한 주님의 놀라운 사랑 안에서

심오한 신비를 주님은 내게 알려주셨습니다.

마음이 왔다갔다 하는 자를 위한

주님의 풍부한 자비 안에서.

하늘 아래 있는 자들 가운데 누가 주님과 같으리이까?

진리이신 주님과 누가 같으리이까?

주님께서 사람을 살피신다면

누가 주님 앞에서 의로울 수 있으리이까?

사람이 무엇입니까?

그는 흙입니다,

산산이 부서지는 조각.

그는 먼지로 되돌아갑니다.

그런데도 주님은 그에게 주님의 기적들 중에서 깨달음을 주십니다.

주님의 거룩한 뜻에 따라 정보를 주십니다.

나는 먼지요 재입니다.

만일 주께서 내게 힘을 주시지 않는다면

무슨 목적으로 나는 스스로를 다스릴 수 있겠습니까?

만일 주께서 내게 그것을 정해주시지 않는다면

어떻게 내가 조금이라도 이해할 수 있겠습니까?

만일 주님께서 내 입을 열어주시지 않는다면

어떻게 내가 말을 할 수 있겠습니까?

만일 주님께서 내게 가르쳐주시지 않는다면

어떻게 내가 대답을 하여야 할까요?

진실은 이것입니다:

주님은 신들 가운데 임금입니다.

저 높은 곳에 있는 존재들의 왕입니다.

모든 영의 주인이시며 모든 피조물의 통치자입니다.

주님 없이는 아무 일도 되지 않습니다.

주님 뜻이 아니라면 아무것도 알아낼 수 없습니다.

아무도 주님 옆에 있을 수 없습니다.

주님의 광채에 거슬리는 빛은 아무것도 없습니다.

주님께서 창조하신 그 놀라운 존재들 가운데에서 그 누가

주님의 빛 앞에 설 수 있겠습니까?

주님께 영광 있으라, 주님, 거룩하신 하나님이시여!

– 쿰란 공동체의 찬양시 중에서

:: ::

내 영으로 깨닫는 그것을 나는 노래하렵니다

내 노래는 하나님의 영광에 관한 것입니다.

내 하프의 줄들이 소리를 냅니다,

하나님의 거룩한 질서를 향하여.

그리고 피리를 내 입술에 댑니다,

하나님의 거룩한 법들에 의거하여.

낮이 오고 밤이 올 때에

나는 하나님 곁에 서렵니다.

하나님의 거룩한 언약에 따라 나는 걸으렵니다.

저녁이 다가올 때 아침이 될 때

나는 하나님의 법들을 소리 내어 말하리이다.

하나님을 향하여 나는 말씀드리렵니다:

주님은 나의 정의이십니다!

지극히 높으신 분을 향하여 나는 말씀드리렵니다:

주님은 내게 선한 것의 모든 기초이십니다.

주님은 깨달음의 원천이십니다.

주님은 거룩한 샘물이십니다.

주님은 빛나는 것들 중 최고이시며

영원한 영광의 위엄이십니다.

내가 손과 발을 움직이기 시작할 때

나는 하나님을 찬양하렵니다.

내가 집을 나설 때 그리고 집으로 들어설 때

내가 자리에 앉을 때 그리고 일어설 때

또는 잠자리에 누울 때

나는 하나님을 향해 노래하며 찬양하렵니다.

내 입술이 말한 희생제물과 함께

나는 하나님께 감사드리렵니다.

내 손을 들기 전에

땅에서 나는 귀한 것들로 내 스스로 만족하기 전에

경악할 일이 내게 일어날 때

그리고 두려움이 나를 엄습할 때

곤고함 중에 위로를 받지 못할 때

나는 하나님을 찬양하렵니다.

그리고 하나님의 기적을 고백하렵니다.

하나님의 권능에 관하여 묵상하렵니다.

그리고 하나님의 사랑이 나를, 하루 전체를 지켜주실 것입니다.

고난이 시작될 때 나는 하나님을 향해 찬양곡을 부르렵니다.

그리고 내가 쫓기는 상황에 있을 때 하나님의 상급을 노래하렵니다.

- 쿰란 공동체의 찬양시 중에서

나라가 주님의 것이라

우리 언어는 단순한 소리가 아닙니다. 그것으로 우리는 예수님이 '하나님 나라'를 말씀하실 때 의도하셨던 것을 되살릴 수 있습니다. 하나님 나라가 있는 그곳에는 오직 하나님에게만 권세가 있습니다. 그곳에서는 사람에게 보호와 평강이 주어집니다. 거기서 인간은 생명과 행복을 누립니다. 거기에는 하나님의 뜻과 인간의 의지 사이에 틈이 없습니다. 그곳에는 고난도 죽음도 폭력도 초조함도 미궁에 빠질 일도 위험도 없습니다.

우리가 하나님 나라를 이 땅에 이루기 위해 노력해야 한다면 예수님은 분명 이 세상에 나타날 평화와 정의의 나라를 상정하실 것입니다. 그것이 우리 인간들 사이에 이루어져야 하고, 그 안에서 약한 사람들이 제대로 존중받아야 하며, 우리가 서로 사랑 안에서 만나야 합니다.

요한계시록에는 하늘나라에 대해 나옵니다. 항상 위기 속에 사는 고대사회의 유목민에게 그곳은 하나의 피난처이며 정처 없는 사람에게 평안함을 주는 장소이며 협박당하는 자가 보호받는 곳이고 행복과 평화의 나라였습니다.

창세기 원역사에 어떤 동산에 관한 이야기가 나옵니다.(창세기 2-3장) 그 시절 그 동산은 게으름뱅이의 나라가 아닙니다. 하나님께서 주신 풍

기도를 어떻게 드릴까요?

요로운 선물이었습니다. 그곳에서는 사는 것과 일하는 것에 의미가 있었습니다. 노력하는 것도 가치가 있었습니다.

오늘날 그 동산은 하나님 안에서 완성될 세계를 보여주는 그림이며 하나님 안에 보호받는 인간의 생명을 상징합니다. 중세기 예술가들의 작품에서 그것은 파라다이스 정원으로 묘사되었습니다. 어떤 그림에 보면 어린 아이가 그 동산에 앉아서 수금을 타는 장면도 있습니다.

이런 것은 다음과 같은 뜻입니다. 지금 현존하는 것들의 다툼과 불안과 부조화는 이 세상의 전부도 아니고 최종적인 모습도 아니라는 것입니다. 변화된 세계 안에서 하나님과 사람은 새롭게 만날 것이며 모든 것이 잘 되리라는 것입니다.

어떤 것이든 치유된 것이 있다면 그것은 곧 감사와 찬양거리입니다. 그 찬양이 이 땅에서 시작됩니다. 그리고 항상 어떤 사람에게는 하늘의 음악 곧 사랑의 소리, 인내의 소리, 소망의 소리, 선함의 소리로 울려 퍼집니다.

:: ::

은혜의 하나님,
나라가 주님의 것입니다
주님은 나의 피난처
어떤 위험이 닥쳐와도 나의 은신처
어떤 다툼이 있더라도 나의 평화
나를 숨겨줄 담벽

나를 감추어줄 산성

나를 지켜줄 문

나라가 주님의 것입니다

누가 나를 위협할 수 있사오리까?

빛나는 광채의 하나님

나라가 주님의 것입니다

내 곁에 주님이 계십니다.

내가 힘겹게 노력하면서도 무엇을 위해 그리하는지 모를 때

주님을 통하여 나의 노력이 열매로 자랍니다.

비록 내 눈에 그것이 보이지 않더라도

노는 시간도 주님의 것입니다

아름다움의 신비도 주님의 것입니다

나라가 주님의 것입니다

무엇이 나를 병들게 할 수 있사오리까?

평강의 하나님

나라가 주님의 것입니다.

다가오는 주님의 주권이 내 영혼을 보여주는 그림입니다.

내가 흔들리면서 찾는

인생의 의미를 주님은 내게 보여주십니다.

다툼과 눈물 속에서 찾아가는

인생의 의미를 주님은 내게 보여주십니다.

평화로운 그림으로 주님은 내게 주님을 보여주십니다.

이에 주님께 감사드립니다.

나라가 주님의 것입니다.

진리의 하나님

주님은 내 인생길의 목적지입니다.

주님 나라를 나는 찾고 있습니다.

이 땅에 사는 동안에 그 나라의 징조를 내게 허락하소서.

내가 평화를 지키며

선 자리에서 놀이와 아름다운 것을 행하도록

나를 피난처로 만드소서.

그리고 내가 부르는 감사의 노래가

증오의 엇박자를 피해가도록

나를 피난처로 만드소서.

주님께 감사드립니다.

나라가 주님의 것입니다.

하나는 셋,
셋은 하나라는 신비

하나님에 관해서 말할 때 우리는 인간의 언어에서 벗어날 수가 없습니다. 어떤 것을 이해하려면 가끔 비교하거나 비유하는 과정을 거칩니다. 우리는 이 땅의 색깔들 안에 있는 비밀을 반영하는 그림들을 봅니다.

우리가 하나님에 관해 아는 것은 불완전합니다. 우리가 아는 어떤 그림은 다른 어떤 것과 모순되기도 합니다. 그렇더라도 우리는 하나님을 아는 지식에 이르는 다른 경로를 알지 못합니다.

우리는 오래 전부터 내려오는 삼위일체 교리가 완벽하지 않다는 것을 압니다. 그러면서도 하나님에 관해 언급할 때면 늘 그것을 되뇌곤 합니다. 특히 하나님이 누구인지를 예수 그리스도 안에서 발견하려 할 때 더욱 그렇게 합니다.

우리는 하나님의 신비를 알아내고자 시도할 것입니다. 그리고 이 낯선 교리에서 스스로 만족을 얻고자 할 것입니다. 왜냐하면 삼위일체 하나님을 향한 믿음은 학생들이 보는 교과서가 특이한 동물에 대해 기술하는 것처럼 하나님을 묘사하는 것이 아니라 그분께 말을 거는 것이기 때문입니다.

찬미의 기도는 그분을 찬송합니다. 왜냐하면 찬양 말고 다른 방법으로는 그분을 찾을 수 없기 때문입니다. 오직 기도 안에서만 삼위일체 하나님을 향한 믿음은 그 의미가 온전해집니다. 이에 반해 하나님의 신비에 접근하여 그분을 묘사하려는 사람은 아주 혼란스러운 산수에 빠져들고 맙니다, 하나 그리고 셋, 또한 셋 그리고 하나라는.

　　:: ::

우리는 주님을 압니다,

창조주여

우리는 주님의 신비를 찬양합니다.

그리고 주님이 그 안에 계심에 감사드립니다.

보이는 것과 보이지 않는

모든 사물과 존재

측량할 수 있고 헤아릴 수 없는 모든 능력과 위력의

근원이자 샘이신 분이여

우리의 빛들이 반짝이는 것 속에서

그리고 우리의 그림들이 반영하는 것 안에서

우리는 주님의 빛을 봅니다

우리는 믿습니다, 우리 하나님이여,

그리고 우리를 주님에게 맡깁니다.

우리는 주님을 사랑합니다,

그리스도 우리의 형제여,

낯설은 주님과 가까우신 주님,

그리고 주님이 거기 계심에 감사드립니다.

주님은 부요하셨습니다

그리고 우리를 부요하게 하시려고 가난해지셨습니다.

우리는 주님을 믿습니다

주님 안에서 우리는 아버지의 선하심을 봅니다.

주님은 우리를 아버지에게로 인도하는 길이십니다.

주님은 우리가 깨닫는 진리이십니다.

주님은 생명이십니다.

우리는 주님을 믿고 따릅니다.

우리는 주님을 믿고 기뻐합니다.

하나님으로부터 오신 성령이시여

살아계신 불이시며, 우리 심령의 불꽃이시여

그리고 주님이 우리에게 오심에 감사드립니다.

주님은 우리를 온갖 종류의 종살이로부터

구속하시는 자유의 영이십니다.

주님은 우리를 충만하게 하시는 신뢰의 영이십니다.

평화의 영이시며 미움을 초월하시는 분이십니다.

주님은 절망을 끝내시는 사랑의 영이십니다.

오소서, 우리를 불붙게 하시고 충만하게 하소서.

치유하소서, 강하게 하소서, 삼키소서 우리를

주여,

기댈 곳 없는 자의 의지시여,

병자의 위로자시여,

죽어가는 자의 빛이시여,

우리는 주 성령님 덕분에 행복합니다.

그리고 주님을 찬양합니다.

삼위일체, 거룩하신 하나님

주님은 아무도 보지 못하는 빛 안에 거하십니다.

주님께 간구합니다.

말과 행함으로 우리는 주님을 찬양합니다.

은밀한 주님의 깊이와 위대하심과 높이를

주님의 선하심과 자비로우심을

주님 없는 우리는 아무것도 아닙니다.

주님 안에 있을 때에야 비로소

우리는 모든 것이 됩니다.

믿음과 감사가 영혼과 육체가

주님의, 거룩하신 하나님의 것입니다.

우리의 소박한 기도가 주님 마음에 들게 하소서,

주님을 얼굴과 얼굴로 만나뵐 때까지.

나에 관해 말하는
사람들의 입에 계시소서

영원하신 하나님,

주님은 위대하신 아버지이며 인류를 창조하신 분입니다.

주님의 광대하심과 자비로우심으로 인하여

나는 주님을 사랑합니다.

내가 너무나 작아서 불안이 내게 엄습할 때

주님은 위대하십니다.

내가 나 스스로를 지킬 수 없고 두려울 때

주님은 강하십니다.

내 앞에 있는 위기와 죽음이 보일 때

주님은 생명입니다.

주님께 있는 모든 것을 주님은 내게 주시고자 하십니다,

내 마음이 원하는 것만큼.

그러므로 나는 왜소하지 않습니다.

오히려 나는 주님의 피조물이요 자녀입니다.

주님으로부터 내게 오는 능력이 있기에

나는 초조하게 살지 않습니다.

기도를 어떻게 드릴까요?

주님이 내게 영원함을 허락하시기에 나는 영원합니다.

주님에게 있는 것들을 내게 내어주실 만큼

주님은 위대하십니다.

자비로우신 하나님,

주님의 사랑을 찬양합니다.

이는 주님께서 나를 산산조각 낼 만큼

강하시기 때문이 아닙니다.

이는 내가 주님 앞에 소멸될 만큼

주님께서 영화로우시기 때문이 아닙니다.

이는 내 눈을 멀게 할 만큼

주님의 빛이 강렬하기 때문이 아닙니다.

오히려 나를 아름답고 자유롭게 만들 만큼

주님의 사랑이 위대하기 때문입니다.

:: ::

하나님,

주님은 영광과 권능을 받으시기에 합당합니다.

주님은 빛입니다,

그러므로 나는 그 빛을 보게 될 것입니다.

주님은 능력입니다,

그러므로 나는 내 활동에 필요한 힘을 얻을 것입니다.

주님은 진실하십니다,

그러므로 나는 소멸하지 않고 유지될 것입니다.

주님은 사랑이십니다,

그러므로 나는 사랑을 베풀 수 있습니다.

주님은 내게 영원한 것들을 마련해 두셨습니다,

그러므로 나는 실족하지 아니하고 내 길을 찾을 것입니다.

나는 주님을 사랑합니다,

하나님,

주님의 사랑을 찬양합니다,

사랑하는 주님을.

삼위일체 하나님을 부르는 위력에 이끌려

오늘 나는 저절로 고양됩니다

삼위일체 하나님을 부르며

그리고 피조물을 만드신 창조주를 고백하며.

오늘 나는 나를 이끄시는

하나님의 능력을 통하여 스스로 고양됩니다.

하나님의 권능은 나를 바르게 세우소서.

하나님의 눈은 나를 바라보소서.

하나님의 귀는 나를 들으소서.

주님 말씀은 나를 위해 말하소서.
하나님의 길을 나는 가렵니다,
주님의 표지판이 나를 보호하소서.

그리스도여,
내 오른편에 계시소서
그리스도여,
내 왼쪽에 계시소서
그리스도는 능력
그리스도는 평강

내가 눕는 곳에 그리스도여 계시소서
내가 앉는 곳에 그리스도여 계시소서
내가 서는 곳에 그리스도여 계시소서
그리스도여 깊은 곳에
그리스도여 높은 곳에
그리스도여 넓은 곳에

그리스도여
나를 생각해 주는 사람들의 마음속에 계시소서
그리스도여
나에 관해 말하는 사람들의 입에 계시소서

그리스도여

나를 바라보는 사람의 눈에 계시소서

그리스도여

내 말을 듣는 사람의 귀에 계시소서

그리스도는 나의 주님

그리스도는 나의 구원자

삼위일체 하나님을 부르는 위력에 이끌려

오늘 나는 저절로 고양됩니다

– 패트릭(아일랜드의 주교, 6세기)

하나님께서
네게 복 내려주시기를

우리 하나님
전능하신 이
모든 것의
근원이자 완성자께서

네게 복 내려주시기를 원합니다.
　네게 소득과 성장을 허락하소서
　네 소망이 이루어지게 하소서
　네 수고의 열매를 허락하소서

너를 지켜주시기를 원합니다.
　모든 질시(嫉視)로부터
　위험 앞에서 보호처
　초조함에서 피난처 되소서

우리 하나님께서 그 얼굴빛을 네게 비추시기를 원합니다.

태양이 땅을 비추듯이
완고함에 대하여 따스함을
살아있는 것에게 기쁨을 주소서

그리고 네게 은혜 베푸시기를 원합니다.
네가 죄에 갇혀 있을 때
악으로부터 너를 구하소서
그리고 너를 자유하게 하소서

우리 하나님께서 그 얼굴을 너를 향하여 드시기를 원합니다.
네 고초를 보시고
네 음성을 들으소서
너를 치유하시며 위로하소서

그리고 네게 평강 주기를 원합니다.
육신에 형통을
영혼에 형통을
사랑과 행복을

아멘
이와 같이 하나님께서
영원부터 영원까지 머무시기를 원합니다.

그리하여 너를 위하시는 주님의 뜻에 따라 굳건하기를 원합니다.

요르크 칭크는 기도를 배우려는 우리, 기도를 드리려는 우리에게 참 좋은 안내자다. 94년(1922-2016) 사는 동안 그가 행한 일들, 써낸 글과 책들이 곧 기도였다. 요르크 칭크는 우리에게 기도드리는 방법과 함께 기도드릴 내용을 아주 충실하게 일러주었다.

이 책 《기도를 어떻게 드릴까요wie wir beten können》은 1970년 초판이 나온 이래 몇 차례 개정·증보되고 21판을 찍으며, 올해로 50살이 되었다. 내가 이것을 만난 지 20년도 훌쩍 지났다. 이 책은 그 세월 내내 내 기도의 동반자였다. 이제라도 이것을 우리말로 옮길 수 있어서 나는 참 기쁘다.

평생 신앙생활을 하는 사람에게도 기도는 항상 부담스럽다. 그것은 시냇물 흐르듯 유창한 말이나, 장미꽃 같이 화사한 용어 이상의 것이기에 그렇다. 그것은 사람에게가 아니라 하나님께 드리는 말씀이기에 늘 조심스럽다.

우리에게는 기도생활의 길잡이가 필요하다. 다음의 내용은 기도드리기를 배우려는 우리에게 간단한 도움이 될 수 있으리라.

2020 경자년 입춘立春에

기도를 가르쳐 주십시오[1]

> 예수님과 늘 가까이 지내던 사람들이 예수님께 간청했다: '주님, 기도를
> 가르쳐 주십시오.'(눅 11:1)

이것은 기도를 모르는 사람이 드린 간청이 아니다. 그들은 경건한 유
대교 전통에서 아주 어린 시절부터 기도를 알고, 일상생활 속에서 기도
를 드리며 살았던 사람들이었다. 그들은 이미 수준 높은 곳에 이르렀다
고 생각했던 지점에서 내려와 처음 출발점으로 되돌아 왔다. 그리고 기
도를 향한 첫발자국을 다시 떼어 놓았다.

> 신발을 만드는 사람은 신발을 만들고,
>
> 제단사가 외투를 만드는 것처럼
>
> 그리스도인은 당연히 기도해야 한다.
>
> 기도는 그리스도인이 하루도 거르지 않고
>
> 해야 하는 업무이다.
>
> ─ 마틴 루터

기도, 이것으로 무엇을 이룰 수 있을까? 책읽기처럼, 글쓰기처럼, 숫
자 셈하기처럼 기도도 배울 수가 있는 걸까?

---

1) 이것은 독일 헤센나사우 주교회(EKHN)가 낸 〈Schritte zum Beten〉(기도를 향한 발걸음)에 많이 의
존한 것이다.

정말 그렇다. 누구나 기도를 배울 수 있다. 앉는 법을 배우듯이, 걷는 법을 배우듯이, 말하는 법을 배우듯이, 사람들끼리 서로 어울리는 법을 배우듯이.

우리도 발걸음을 내디뎌보련다. 말하는 법을 배우고, 단어 단어들을 어법語法에 맞게 짜 맞추어 본다. 몸가짐을 어떻게 하는 것이 바른가를 생각하면서 행동하듯이, 말을 어떻게 하는 것이 좋은지를 헤아려 본다. 이미 어른이라도 살아가면서 늘 새로 배우는 것들이 있듯이, 기도를 그렇게 배우련다.

이미 기도드릴 줄 알더라도 기도 배우기의 첫걸음부터 떼면서 우리는 기도로 이루어질 것들을 기대해 본다, 긴장감 어린 심정으로.

기도는 아주 작은 과정들이 모여서 이루어진다. 그 작은 과정들이 우리 인생에 평생 친구 되리라. 천리 길도 한걸음부터라고 하였듯이, 길 하나가 훤히 뚫리는 일도 아주 작은 시작이 있음으로 가능해진다. 우리가 인생길 나그네 길 가는 동안에 기도는 언제나 새로운 경험 깨달음을 안겨주리라.

하나님과 연결된 고리 찾기

기도는 하나님과 나누는 정성어린 대화다. 이 말에 동의하는 동시에 마음에 걸리는 것이 생긴다. 두세 사람이 같이 만나 이야기를 나눈다면, 대화란 말이 성립한다.

눈에 보이지 않는 분과 어떻게 이야기를 나눌 수 있단 말일까? 그 대화에서 하나님은 무엇을 말씀하실까? 내 말을 들어주는 이 아무도 없는 데다 대고, 벽에 대고 말하는 것은 아닐까? 기도드리면서 우리는 그에 걸맞는 무엇인가를 하고 있는가? 우리 스스로는 도저히 이룰 수 없는 우리 소원들을 우리 아닌 다른 이에게 옮겨 놓는 걸까? 몸가짐과 말입술과 정열이 함께 어우러져 기도에 녹아드는 기도는 어떻게 경험될까? 기도는 의미 있는 일인가, 기도로 무엇을 이룰 수 있는가?

꼬리에 꼬리를 물고 일어나는 이 물음에 우리는 속이 후련해지는 대답을 얻지 못한다. 다만 기도를 통해 무엇을 얻을지 우리 각자가 기꺼이 실험해 보자.

하나님과 우리가 기도로 연결되는 고리가 있다. 그것은 하나님은 우리 부모님이요, 우리는 그분 자녀라는 믿음이다. 여기서 부모님이란 영적인 의미다. 하나님은 선하신 분이며, 우리에게 진정 유익한 것이 무엇인지 우리 자신보다도 더 아는 분이고, 이 선과 유익을 이루실 능력이 있는 분이란 믿음에서 비로소 하나님을 향해 말을 걸 수 있다.

하나님께 말 걸기

주님,
주님께 말을 붙여도 될까요?
저는 아직 주님이 누구신지 확실히 모릅니다.

때때로 주님이 계시다는 사실조차 의심스럽습니다.
때때로 주님이 아주 가까이 계심이 너무너무 실감나요.

주님,
어떻게 하면 주님께 말을 걸 수 있나요?
주님은 저를 이미 아십니다.
주님은 제가 누구인지 확실히 아십니다.
주님은 저를 이 모습 이대로 받아주십니다.

주님,
저는 제 자신이 어떤 사람인지 모를 때가 자주 있어요.
다른 이들은 저를 보고
'이런 사람이다' 하기도 하고,
'저런 사람이다' 하기도 합니다.
저는 한때 '이런 사람'이 되려고 애썼던 기억이 때때로 납니다.
한때는 또 '저런 사람'이 되려고 애썼던 기억도 나고요.
저는 제 인생의 목적을 가지고 있답니다.
채우고 싶은 소원도 여러 가지 있고요.
저는 타고난 소질도 있고, 취미도 가지고 있지요.
제 곁에는 좋아하는 친구도, 미워하는 사람도 있답니다.

주님,

제 인생이 주님과 무슨 관계가 있나요?

제 인생살이 속에서 주님을 찾을 수 있게 해 주세요.

천천히, 그리고 하나하나씩.

저를 주님 안으로 들어가게 하고 싶어요.

제가 주님 안으로 들어갈 때,

제게 무슨 일이 생길지 참으로 궁금하답니다.

저는 이 변화를 주님과 같이 찾아 나가고 싶어요.

주님과 이야기 나누는 법을 가르쳐 주세요.

이에 적합한 언어들을 찾을 수 있게 가르쳐 주세요, 주님.[2]

친구에게 말하듯 하나님과 이야기하기

기도를 특별하게 생각하면 할수록, 우리는 기도와 거리가 멀어진다. 처음에는 기도를 쉽게 생각할 필요가 있다. 소박하고 투박한 말투면 어떤가? 세련되고 다듬어진 말, 여기저기서 긁어모은 말보다, 거칠어도 가슴에서 우러나는 말이 더 중요하다. 기도드릴 때 쓰는 말만큼만 우리가 겸손하고 온유해진다면 세상이 얼마나 아름다울까?

이런 점에서 우리는 말로 드리는 기도와 우리 생활이 두동져 있음을

---

2) M. Dornisch u. a., Baukasten Erwachsenenkatechese, 1992. München. 15.

깨닫는다. 그러니 유창하게 기도드리는 사람을 부러워 말고, 또 기도를 너무 어렵게 생각하지 말고, 평범하게 받아들여 보자.

기도가 몸에 배는 것이 가장 중요하다. 그러다 보면 기도에서 우러나는 특별한 경험을 차츰차츰 하게 되리라. 이런 실험을 할 사람은 누구나 전제조건 하나없이 바로 시작할 수 있다. 이를테면 우리가 일상생활에서 자주 쓰는 말이 있다.

"하나님, 감사합니다! 하늘이 도우셨네!" 이것은 어떤 일이 마음먹은 대로, 혹은 그 이상으로 잘 돌아갈 때 쓰는 말이다.

"하나님, 맙소사!" 이것은 일을 엉뚱하게 그르치거나, 어떤 일에 도움이 필요하지만 속수무책일 때 한숨지으며 하는 말이다.

기도를 시작할 때 우리는 이런 말들도 쓸 수 있다. 우리가 보통 쓰는 말이라도 거기에 진심이 담겨 있으면, 그리고 하나님을 믿는 믿음을 담아 의식적으로 드린다면, 이 말들로 우리 모습의 알짜를 담아낼 수 있단 뜻이다. 물론 기도에 쓰는 단어가 중요하더라도 거기에 담긴 마음이 더 귀하다고나 할까?

규칙적으로 드리는 기도라면, 일정한 장소와 일정한 시간을 정해 놓을 필요가 있다. 예를 들면 새벽 또는 아침시간이다. 자기에게 주어진 그날 예정된 일과 처리해야 할 일에 파묻혀 돌아가기 전에 먼저 단 몇 분 동안이라도 묵상하며 하루를 시작할 수 있다. 특히 눈을 뜨자마자 그날에 해야 할 모든 것 가운데 단 하나라도 시작하기 전에 잠자던 그 모습, 잠자던 그 자리에서, 그날의 가장 첫 순간 순간들을 하나님께 바치며 기도드리는 일은 놀라운 은혜가 된다. 내게 밀려오는 일들이 처음부터 나를 유린하게 내버려두기보다는 내 스스로 잠시 생각할 여유를 찾아보는 것이다.

오늘 네게 가장 중요한 일은 무엇인가?

내게 아직 밀려 있는 일들은 무엇인가?

나는 누구에게 어떤 일에 불안을 느끼는가?

어떤 일에서 결정을 내리기에 골머리를 앓는가?

오늘 어떤 사람을 만나나?

그들이 내게 무엇을 기대하는가?

나는 무슨 목적으로 그그들의 도움을 구하려는가?

이런 생각에 바탕을 두고 하나님과 이야기를 시작해보자. 바로 내 옆에 앉아 있는 친구에게 말을 걸듯이. 기도를 이렇게 시작할 수 있지 않을까?

하나님,

무엇이 나를 기쁘게 하는지를

무엇을 감사하고 있는지를

깊이 생각해 봅니다.

그리고 이것들을 하나님께 말씀드리며 감사드립니다.

기꺼이 바라고 소망하는 것들이 무엇인지를
꼭 필요하다고 느끼는 것이 무엇인지를
저는 깊이 생각해 봅니다.
그리고 이런 것들을 하나님께 말씀드리며 간구합니다.

내게 중요한 사람이 누구인지를
내 도움을 필요로 하는 사람이 누구인지를
저는 깊이 생각해 봅니다.
그리고 이런 것들을 하나님께 말씀드리며
이 사람들을 위해 기도를 드립니다.[3]

우리는 대낮에 일상생활을 잠시 멈추거나 저녁시간에 하루를 되돌아
보며 하나님 앞에 나아올 수 있다. 이는 다만 짧은 몇 분 동안이라도 일
상생활에서 벗어난 장소와 시간이 필요하다. 영적으로 해방된 시간, 영
적으로 해방된 공간이 필요하다.

하나님 호흡에 내 호흡을 맞추어 나가는 것이 기도다. 이런 뜻에서 기
도는 모두 영적인 것이다. 그것의 성패成敗는 일상생활의 호흡을 가다듬
으며 영적인 시간과 공간을 창조하려는 마음가짐에 달려 있다.

하나님과 나누는 이 대화가 때때로 깊이 있게 이루어지지 못한다. 때
로는 거룩한 두려움die heilige Furcht 이 기도를 방해한다.

3) H. Reimer u. a. Leben Entdecken. Ein Buch für Konfirmanden, Gütersloh, 1992.

기도를 어떻게 드릴까요?

작은 인간인 내가 일상생활에 사로잡힌 모습을 그대로 지닌 채 어떻게 크고 위대하신 하나님을 만날 수가 있을까? 그런데도 나는 종종 하나님을 내 규격에 맞추려 하지 않는가? 이런 일은 기도드리기에 너무나 사소하지 않을까?

이런 의문이 기도의 문을 열려는 우리를 방해하곤 한다.

우리는 이런 물음에 개의치 않고 앞으로 나가련다. 그런 일상생활로부터 곧바로 기도를 시작하련다. 우리가 머무는 자리가 시궁창이든, 어엿한 사무실이든, 책들이 가득 쌓인 서재나 도서관이든, 차들이 넘쳐흐르는 길바닥이든 머리가 복잡하든 – 그 어떤 장벽도 하나님과 우리 사이에 놓인 영적인 공간과 시간을 침범할 수 없다. 하나님은 이런 우리와 거리를 두려 하지 않으시리라는 믿음을 안고.

그분은 내가 말을 걸 만한 자리에 머물러 계신다. 성경을 살펴보면 하나님께서는 놀랄 정도로 사람들을 직접 만나 주셨으며, 사람들은 하나님께 스스럼없이 말을 걸으셨다. 가장 대표적인 예가 시편이다. 거기에는 하나님 말씀보다는 '하나님을 향한 말씀'이 더 많이 있다. 이런 점에서 시편은 이스라엘 민족의 기도책이다.

그런가 하면 하나님은 너무나 거룩한 분이시기에 사람이 그 이름을 단 한번이라도 불러서는 안 된다는 전통도 있었다. 유대인들은 대체로 그렇게 생각했다. 그런데도 예수님은 하나님을 향해 아주 친근하게 '아버지'라고 부르셨다. 그리고 기도드리는 제자들을 이렇게 격려하셨다. "너희들은 기도드릴 때, 이렇게 하여라' '아빠, 사랑하는 아버지,…"(막 14:36; 갈 4:6-7; 롬 8:15-16 참조)

하나님을 가리켜 아버지라 부를 때, 우리 마음에는 깊은 신뢰감과 애정이 담겨 있다. 성경에 부분적으로 드러나 있듯이 하나님을 어머니로 여기는 것도 역시 이와 똑같다. 이런 표현들에는 하나님을 그저 절대적인 초월자로만이 아니라, 부모님 같은 애정과 정성을 지닌 분으로 받아들이는 믿음이 들어 있다.(마 7:11 참조) 신뢰심을 한껏 담아 자식이 부모님을 부르듯이, 내가 아직 모르는 내게 유익한 것을 아실 부모님에게 조언과 도움을 구하듯이 "하나님 아버지! 하나님 어머니!"를 불러 보자.

하늘에 계신 우리 아버지,
아버지 이름을 거룩히 드러내소서.
아버지 나라가 오게 하소서.
아버지 뜻이 하늘에서 이루어졌듯이 땅에서도 이루어지게 하소서.
매일같이 일용할 빵을 우리에게 주소서.
그리고 우리가 우리에게 빚진 이들을 용서했듯이
우리 빚을 용서하소서.
우리를 유혹에 빠지지 않게 하시고,
오히려 악에서 우리를 구하소서.
이는 나라와 권세와 영광이 아버지께 영원히 속하였음이니다.

하나님께 속마음을 털어놓기

자기 인생이 지닌 뜻을 깊이 생각하지 않는 사람은 아마 없으리라. 그것을 생각할 때마다 누구나 진지해지기 마련이다. 이런 계기에 하나님께 기도드리며, 감사드리며, 이야기를 나누는 것이 곧 기도다. 그 과정에서 때로는 불평을 털어놓으며, 사람에게 말할 수 있는 것보다 더 깊은 것까지 이야기하며, 하나님의 뜻이 과연 어디에 있는지를 마음 깊이 고민하는 것이야말로 기도에 들어 있는 고유한 모습이다.

인간적으로 생각해 봐도 아무 부담 없이 들어주는 상대방 가슴에 가시가 되는 일 없이 불평과 불만이 들어 있는 속마음을 내보일 사람이 곁에 있다면, 정말 행복한 일이다. 이것은 현실과 많이 동떨어진 이야기다. 아무리 성인군자라도 사람은 다른 사람 형편을 잠시동안 제 일처럼 받아줄 수 있더라도 언제 어느 때나 그럴 수는 없다.

우리가 간절히 구한 것이 이루어지지 않기도 한다. 오히려 전보다 일은 더 나쁜 방향으로 진행되기도 한다. 하나님께서 가까이 계신 것처럼 느껴지거나 도우시는 손길을 경험하는 것이 아니라, 반대로 침묵하시고 멀리 계신 듯 느껴지기도 한다.

여호와여, 어느 때까지니이까 나를 영원히 잊으시나이까 주의 얼굴을 나에게서 어느 때까지 숨기시겠나이까(시13:1)

내 마음이 내 속에서 심히 아파하며 사망의 위험이 내게 이르렀도다 두려움과 떨림이 내게 이르고 공포가 나를 덮었도다(시 55:4-5)

이럴 때 기도는 어떻게 되는 걸까? 흔히 이렇게 말한다. "어려운 상황에서 기도를 배우게 된다."(Not lehrt Beten) 그렇지만 고난과 아픔을 겪다 보면 기도드리기조차 힘들 때가 있다.

성경에 보면 경건한 사람들도 종종 그런 경험을 했다. 평소에는 누구보다도 경건하고 또 하나님을 신뢰한다는 자부심이 있었다. 그러다가 일단 곤고한 처지에 빠지고 보니, 하나님께서 하시는 일을 이해하지 못해 초조했다. '욥의 시련이 남의 일이 아니구나'하는 데까지 이르렀다.

누구나 최소한 한 번 이상 이런 일을 겪는다. 하나님의 숨결. 손길을 가까이서 감지할 수 없어진다. 호소하면서, 아니 탄식하면서 그들은 하나님께 부르짖었다.

나의 하나님, 나의 하나님, 어찌하여 나를 버리십니까(공동번역).

시편 22편은 이런 장탄식으로 시작된다. 십자가에서 마지막 숨을 몰아쉬던 시간에 예수님도 이 기도를 드리셨다.(마 27:46)

하나님께 호소하는 것, 하나님을 고발하는 것 - 이것 역시 기도. 하나님과 우리가 맺은 깊은 관계가 이런 것까지 허용한다. 하나님께서 우리 인생과 그 정도로 깊은 관계를 허용하셨다. 기도야말로 이런 연관관

기도를 어떻게 드릴까요?

계를 표현할 가장 좋은 기회다. 하나님은 우리가 인생길에서 만나는 모든 일들을 무조건 받아들이라고 강요하지 않으신다.

어떤 사람은 생각한다. 그 어떤 위기나 뒤쫓김이 있더라도 인간은 오로지 "주님 뜻이 이루어지소서"라고만 기도드리면 될 뿐이라고. 이럴 때 그는 사람이 자기 인생의 어두운 측면에서조차도 하나님이 역사하심을 알아차릴 능력믿음을 갖추기까지는 많은 시간이 필요하다는 사실을 너무 가볍게 보아 넘기는 것이다.

성경에는 탄식하며 호소하는 전통이 흐르고 있다. 특히 시편은 삼분의 일 넘는 분량이 이런 내용을 담고 있다. 우리는 이렇게 불만을 토로하거나, 하나님께 항변하는 형식을 가리켜 탄원시das Klagelied 라고 부른다. 이는 하나님께만 자기 형편을 마음 놓고 털어놓을 수 있다는 고백에 근거한다. 그 전통에 선 우리도 이렇게 기도드린다.

정말 너무 심하십니다
주님!
벌써 3주째 되어 갑니다,
제가 이 수많은 일에 짓눌려 질식할 듯 지내 온 지가.
밤잠을 제대로 이룰 수가 없습니다.
낮에도 신경이 곤두서 있습니다.
실수를 하면서도 무엇이 잘못된 것인지조차
분명히 알 수가 없습니다.

처리할 일들이 겹겹이 쌓여 있습니다.

같은 부서에서 일하는 직장동료가 병가를 낸 후로는

그가 할 일까지 제 몫이 되었습니다.

정말 너무 심합니다,

주님!

이제 저는 제 능력의 한계를 느끼고 있습니다.

'전에는 이보다 더한 일도 잘 해냈는 데…' 하는 위기감마저 듭니다.

이 꼴을 보고 직장상사가 저를 뭐라고 평하겠습니까?

보여 주소서,

주여,

무엇을 우선 처리해야 하는 지를!

내일 처리해도 될 일에 오늘부터 벌써 압박감을 느낀 나머지

오늘 일도 제대로 하지 못하는 일이 없게 해 주소서.

한결같은 모습을 유지할 수 있는 힘을 때마다 제게 주소서.

일벌레가 아니라 일의 주인이 될 수 있게 해 주소서.

주님께서 말씀하셨던 권능 안에 저를 살게 하소서:

"내 권능은 약한 자 안에서 완전히 드러난다"(고후 12:9) 고

주께서 친히 말씀하셨습니다.

주님의 권능이 아니고는 제가 설 자리 하나도 없음을 고백합니다.[4]

---

4) K. D. Thompson, Herr, Sieh Dir meinen Schreibtisch an. Gebete im Büro, Stuttgart, 1978.

저녁과 아침과 정오에 내가 근심하여 탄식하리니

여호와께서 내 소리를 들으시리로다(시 55:18)

이와 다른 경험이 또 있다. 탄식거리가 어느 순간 갑자기 기뻐할 일로 바뀌는 것이다. 살아가면서 이런 일이 있을 때마다 신바람이 난다. 뜻밖에 닥친 고난고통이 뼈아프면 뼈아플수록, 이런 역전이 주는 기쁨은 더욱 더 크다. 시편에 보면 탄식과 탄원은 홀연히 하나님을 향한 찬양이나 감사로 전환되었다.

그 단절은 때로 너무나 갑작스럽게 느껴진다. 이는 우리를 구석진 곳으로 밀어붙이던 근심거리가 우리도 모르는 능력에 의해 우리도 모르는 사이에 사라졌다는 뜻이다. 이것은 하나님께서 우리 기도를 들으신다는 아주 좋은 증거다. 이는 우리가 겪는 모든 곤란과 고난 속에 하나님은 자신의 목적과 섭리를 심어 놓으셨다는 뜻이다.

여기서 우리는 우리 눈과 마음이 보고 감지感知하는 통찰력보다도 하나님은 훨씬 더 뛰어난 분임을 생생하게 체험한다.

아무것도 염려하지 말고 다만 모든 일에 기도와 간구로, 너희 구할 것을 감사함으로 하나님께 아뢰라 그리하면 모든 지각에 뛰어난 하나님의 평강이 그리스도 예수 안에서 너희 마음과 생각을 지키시리라(빌 4:6-7)

내 입 다물고 들려오는 음성을 듣기

우리는 기도가 하나님과 나누는 대화라고 지금까지 말해 왔다. 이것은 '우리 마음에 와닿은 것들을 하나님께 말씀드린다'는 뜻이다. 대화를 나눌 때 사람들은 어떻게 하나? 때로는 명령이나 통고최후통첩?, 자신이 내린 평가나 결정 사항을 알려주는 것을 대화로 착각한다. 자신이 한 말은 아무런 토를 달지 말고 무조건 따라야 하고, 한 귀로 듣고 한 귀로 흘려보내서도 안 되는 절대적인 요구인 것을 대화라고 한다.

어떻게 이런 것을 피할 수 있을까? 먼저 내 입을 다물고 상대방이 말하는 것을 귀담아 들으면 된다. 그가 진정 원하는 것이 무엇인지, 그가 그렇게 한 목적이 무엇인지를 들어야 한다.

기도에도 이런 측면이 있다. 곧 기도란 '잠잠해지는 것, 영적 평정을 찾는 것'이다. 하나님께서 우리의 말을 듣기 원하실 뿐만 아니라, 하나님 말씀이 우리에게 들려지기도 원하시기 때문이다. 덴마크에서 목회자로, 철학자로 활동한 죄렌 키에르케고르는 이렇게 썼다.

내 기도가 엄숙해지고 내면적인 것이 되면 될수록
나는 말이 점점 더 적어진다.
마지막에는 말이 아주 없어진다.
나는 말하기와 점점 더 거리를 멀리 하게 되고
듣는 자가 되어간다.
나는 기도란 우선 말하기라고 생각한다.

그렇지만 나는 알게 되었다.

기도란 단순히 묵묵히 입을 다무는 것이 아니라,

들려오는 음성에 귀를 기울이며 마음 문을 여는 것임을.

정말 그렇다.

기도는 내가 말하는 것을 내 스스로 듣는 것이 결코 아니다.

기도란 잠잠해지는 것이며, 잠잠한 가운데 귀을 쫑긋 세우는 것이다. 그리하여 (입술로)기도드리던 자가 하나님 음성을 듣고자 (귀로)기도드리는 것이다.

하나님 음성을 듣고 싶다. 세상은 각가지 소리로 가득 차 있다. 아무 소리도 들리지 않는 시간을 잠시도 얻기 어렵다. 그래서 하나님 음성을 듣기가 정말 간단하지 않다. 라디오, 전축, 텔레비전, 핸드폰은 단추 하나만 누르면 끌 수 있는데도 정작 그렇게 하기가 쉽지 않다. 하물며 우리 속마음에서 일어나는 정리되지 않은 소리를 *끄*는 작업이야 말해 무엇할까?

하나님의 음성은 이미 우리 곁에 와 있다. 마음과 귀와 생각을 열어 놓으면 성령께서 역사하신다. 특히 성경은 하나님께서 사람들과 어떻게 말씀하시는지, 사람들에게 어떻게 다가오시는지를 보여준다. 하나님 말씀을 듣고 마음에 새기면, 우리의 가난하고 좁은 마음은 크고 넓은 하나님 마음으로 변하게 된다.

하나님은 예수 그리스도 안에서 하나님 뜻을 우리에게 일러 주셨다. 그리스도 안에서 하나님은 사랑 담긴 모습으로 우리와 만나 주시며, 우리 인생길에 길라잡이가 되신다. 그러므로 우리 기도가 하나님 음성을 듣는 데로 이어지는 것은 너무나 자연스러운 일이다. 예수님 이름으로 기도드린다는 말은 곧 하나님 말씀을 듣고 수용할 자세가 되었다는 뜻이기도 하다.

저는 잠잠하고자 합니다, 주님,
그리고 주님을 기다리렵니다.

저는 잠자코 있으렵니다.
주님 세계에서 무슨 일이 일어나는 지
이해하고 싶기에.
저는 잠자코 있으렵니다.
그리하여 만물들에 다가가서
주께서 만드신 하나 하나에 다가가서
그 속에 담긴 주님 음성을 들으렵니다.
저는 잠자코 있으렵니다.
그리하여 수없이 들려오는 많은 소리들 가운데서
주님 음성을 가려내렵니다.

저는 잠자코 있으렵니다.
그리하여 주님께서 저를 위해 마련해 두신 말씀을

경탄하며 들으렵니다.[5]

성경을 읽고 싶다. 그러다가도 어디부터 시작해야 할지 망설여진다. 그럴 때 나는 신약 복음서를 권하고 싶다. 예를 들면 누가나 요한복음이다. 사실 어디냐 보다는 어떤 마음가짐이냐가 더 중요하다.

성경을 읽을 때, 욕심을 너무 많이 내지 않기 바란다. 하나님 말씀과 만나는 일은 양量을 무시할 수 없더라도 질質이 아주 중요하다. 처음에는 작은 단락 하나를 읽는 게 좋다. 우선 말씀 앞에 마음을 열고, 귀를 열고, 그리고 생각에 깊이 젖어 보자. 한꺼번에 한 장 전체를 또는 더 많이 읽는 것보다 이것을 나는 권하고 싶다.

어떤 부분에 잘 이해할 수 없는 것이 있더라도 실망하거나 그곳을 지나쳐 가기를 꺼릴 이유가 전혀 없다. 경험으로 보면 어떤 부분은 아주 한참이 지나서야 비로소 그 의미가 다가온다.

또 한 때 깨달았던 것이 나중에 또 다른 깨달음으로 이어질 때도 있다. 그날 읽은 부분에서 단어 하나라도 마음에 와 닿는 것이 있다면, 그것으로 이미 족하다. 이미 아주 좋게 시작한 것이다. 이렇게 성경말씀을 묵상하면, 자연스럽게 기도로 이어지리라.

나는 무엇에 감사하는 마음을 지녔는가?
내 자신을 위해 기도드린다면 무엇을 간구할 것인가?

---

5) Jörg Zink, Christsein Heute, 13.

내게서 변화되어야 할 것은 무엇인가?

나는 무엇을 할 것인가?

누구를 위해서, 또는 무엇을 위해서

나는 각별한 마음으로 하나님께 기도드려야 할까?

하나님을 향해 스스로를 열어 놓는 사람은 하나님을 만나고 또 자기 자신을 만난다. 이는 하늘을 올라가는 듯 짜릿한 맛을 우리에게 안겨준다.

물론 이런 경험은 항상 마음을 편하게 해 주는 것은 아니다. 이런 일을 통해 때때로 우리는 이미 굳혀진 우리 생활방식, 이미 세워진 우리 계획, 진작부터 내려진 우리 결정을 다시 한 번 시험대 위에 올려놓는다. 하나님께 자신을 열어 보이면, '쓰레기를 내보이는 법을 배우고, 그 쓰레기를 치우고, 새로 창조되는 그 빈자리에 하나님 음성을 채워나가는' 불편함이 따른다.

인생은 경건한 존재가 아니라

경건하게 되어가는 존재입니다.

인생은 건전하게 생활하는 것이 아니라

건전하게 되어가는 것입니다.

무엇인가를 이룩하려고 존재하는 것이 아니라

무엇인가로 되어가는 존재입니다.

인생은 이미 이룬 것을 누리는 것이 아니라

앞날을 바라보며 연습하며 사는 것입니다.

아직은 그렇지 못합니다. 그렇더라도 그렇게 되어가는 중입니다.

하나님은 우리가 이런 과정을 거치면서 풍성한 생명을 얻기를 원하시리라. 그래서 하나님은 우리를 부족함이나 거부당한 상태에 못 박혀 있지 않게 하신다. 사랑받을 자격이 충분하지 못한 우리를 무한한 사랑으로 품어 주시며, 하나님 나라를 세우는 복음사업의 동역자의 대열에 끼워주신다.

기도를 드리는 우리는 우리 자신이 아닌 다른 사람들 – 우리 가족, 이웃, 직장동료들을 다시 한번 둘러본다. 우리 국민과 우리가 사는 땅을 위해 기도드리며, 세계에 정의가 바로 서기를 위해 기도드린다. 이렇게 기도를 드리다 보면, 우리 교회와 전체 교회들, 그리고 우리가 인생에서 부여받은 과제들이 분명히 눈에 들어온다.

기도는 이렇게 우리가 설 자리를 찾아준다, 하나님 앞에 설 자리를. 그리고 사람들과 세상 앞에 설 자리를. 이리하여 기도드리는 우리는 하나님과 함께 하나님께서 만드신 창조세계를 가꾸는 자가 된다.(창 2:15 참조)

기도는 단순히 경건함이나 신앙심을 표현하는 방법이 아니다. 사람이 지닌 욕구를 표현하고, 하나님께서 안겨주실 선물을 바라는 데 그치지 않는다.

오히려 기도는 우리 각자가 지닌 인간적인 욕구를 신앙에 맞게 승화시키고 그리스도를 자기 안에 모시며 그리스도를 닮아가게 한다. 이런 뜻에서 기도는 하나님께서 원하시는 것을 우리도 원하게 되는 과정이다. 곧 '이제는 내가 기도드리는 것이 아니라, 주님이 내 안에서 하나님

뜻에 합당한 기도를 바치시는 것'이다.(요 4:10; 갈 2:20 참조)

우리가 예수님 이름으로 기도드리는 것이 그 사실을 분명하게 말해 준다. 예수님 이름으로 기도드릴 때 우리는 그 이름에 합당한 기도가 어떤 기도일지를 먼저 생각하리라. 다시말해 우리 관심사만이 아니라 하나님 아들이 지녔던 관심사를 하나님께 보여 드리고 청하는 것이다. 그러므로 우리 소원이나, 우리에게 긴급한 사정을 말씀드리는 것이 기도의 끝이 아니다.

기도드리기에 앞서 또는 기도를 드리며, 우리는 하나님 안에 있는 우리 실존을 깊이 들여다본다. 잠망경으로 깊은 바닷속 보이지 않는 곳을 들여다보듯. 천길 물속은 알아도 한 길 사람 속은 모른다 하더라도 기도드리는 사람은 자기 내면 깊은 곳을 정직하게 꿰뚫어 볼 수 있다. 이로써 우리는 자신 속에 깊이 감추어진 '하나님 형상'을 이끌어내기 위해 깊은 곳에 그물을 내린다.

또한 기도는 우리로 하여금 세상에 책임의식을 지니게 한다. 그것은 우리 감각과 의식이 우리 인생을 포괄하며, 이 시대 사정에 예민하게 한다. 그리고 우리가 상속받을 영원한 하나님 나라와 천국의 신비에 눈을 뜨게 한다.

기도 속에서 우리는 '은혜와 진리가 충만하신'(요 1:14) 예수님의 생명력이 우리 각 사람과 모든 피조물에 미치는 그날을 바라보는 것이다.

기도를 어떻게 드릴까요?

기도를 어떻게 더 드릴 수 있을까?

기도라는 말에는 온갖 아름다운 표현이 덧붙어 있다: 하나님과 나누는 대화전화통화, 하나님을 향해 스스로를 여는 것, 하나님 음성을 듣는 것, 영혼생명의 호흡… 어떻게 이것을 숨결같이 생생하게 실감할 수 있을까?

우리는 각자 그 길을 찾을 수밖에 없다. 우리는 앞서 기도로 향하는 길을 몇 가지로 나누어 살펴보았다. 물론 이것은 단순한 이정표일 뿐이다. 그 길을 가는 일은 우리 각 사람 몫이다.

그래도 어떻게 하면 이 길을 계속 걸어가 기도에 맛 들이는 사람이 될 수 있을까 하는 물음이 여전히 남는다. 이럴 때 다음과 같은 몇 가지 방향제시가 도움이 될까?

친구들이나 교우들끼리 작은 그룹을 만들어서, 기도드리며 얻은 경험을 서로 나누어도 좋다. 함께 드리는 기도는 인간적인 유대관계나, 하나님 이름으로 형성되는 공동체라는 측면에서 아주 특별한 경험이 되리라.

우리는 경건한 기도에서 얻어지는 영적인 부요함을 맛보고 싶다. 이를 위해 각자 자기 스스로를 자극해야 한다. 이럴 때 성경은 기도의 창고다. 거기에는 몇천 년 넘도록 쌓아 온 기도의 유산이 가득 차 있다.

수도원과 공동체들도 기도의 창고다. 거기에는 아름다운 기도문뿐만 아니라, 기도와 생활 속에서 하나님과 만난 경험들이 풍부하게 쌓여 있다.

이것들을 찾아내는 여행을 떠나보자. 그리하여 하나님과 만났던 사람들이 지녔던 경건성과 영성을 각자 제 것으로 만들자.

어떤 이는 시편 한 편 또는 몇 구절을 읽고 나서 거기에 쓰인 낱말들이나 구절들을 마음에 와닿는 순서대로 하나하나 외치기도 한다. 그것만으로도 충분히 간절하게 드리는 기도다.

찬송가복음성가, CCM는 하나님을 만난 사람이 써 놓은 신앙고백이다. 이것은 아름다운 기도가 가득 담긴 보물창고다. 마음을 열고 찬송을 드리면, 그들이 만난 하나님은 곧 우리 하나님이 된다.

그것은 가락 있는 기도다. 특히 찬송가나 복음성가를 외워 부르면, 그리고 자주 부르면, 기도와 찬양이 어우러지는 멋진 경험이 된다.

기도를 잘 드리려면 무엇보다 먼저 '기도를 가르쳐 주십시오'라는 기도부터 시작하게 된다. 기도를 몰라서가 아니다. 이 말은 우리가 (예수님을 본받아) 하나님 마음에 드는 기도를 드리기 원한다는 뜻이다. 영적인 기도란 게 바로 이런 것이다. 인간 내면 영성 깊은 곳에서 솔직 담백하게 우러나는 인격이 묻어 있는 기도다.

기도 앞에 서는 우리에게 하나님보다는 우리 사정, 우리 형편이 먼저 눈에 띄는 유혹이 있기 마련이다. 이런 뜻에서 기도드리는 마음도 성령님의 역사요, 기도드리는 내용도 성령께서 인도해 주시는 것이다.(롬 8:26-27 참조)

하나님,

벌써 오래 되었습니다,

제 문제를 놓고 진지하게 주님께 상담을 구해 본 지가.

주님과 접촉하는 일을
지금 어떻게 시작을 해야 좋을지 잘 모르겠습니다.

내 머릿속에는
아주 많은 상념들이 떠돌고 있습니다.
생활하면서 겪는 아주 많은 것들이
저와 제 생각을 짓누릅니다.
어떤 일들은 주님과 저 사이를 가로 막습니다.

그렇더라도 내 인생의 의미와 위로와 목적이
주님 안에 있다면,
주님,
제게 등 돌리지 말아 주십시오.
저로 하여금 주님 찾는 여행길을
중단하지 않게 도와주십시오.
주님을 만나게 도와주십시오.
제 인생이 변화 받을 수 있는
환상과 더불어 끈기를 허락하소서.
그리하여 주님과 함께 늘 새롭게 시작하게 하소서.

하나님,
제 곁 곧 제 안에 위에 아래에 뒤에 앞에

머물러 주시고,

저에게 복을 내리소서.

그리스도이신 예수님 이름으로 기도드립니다.

아멘.

300

기도를 어떻게 드릴까요?